속독·기억의
공부기술

Foreign Copyright: Joonwon Lee
Address: 127, Yanghwa-ro, Mapo-gu, Chomdan Building 6th floor,
Seoul, Korea
Telephone: 82-70-4345-9818
E-mail: jwlee@cyber.co.kr

빨리 읽게 되고 오래 기억되는
창의적 학습법
속독·기억의 공부기술

2014. 1. 15. 1판 1쇄 발행
2016. 9. 8. 1판 2쇄 발행

지은이 | 손동조
펴낸이 | 이종춘
펴낸곳 | BM 주식회사 성안당

주소 | 04032 서울시 마포구 양화로 127 첨단빌딩 5층(출판기획 R&D 센터)
      | 10881 경기도 파주시 문발로 112(제작 및 물류)
전화 | 02) 3142-0036
      | 031) 950-6300
팩스 | 031) 955-0510
등록 | 1973. 2. 1. 제406-2005-000046호
출판사 홈페이지 | www.cyber.co.kr
ISBN | 978-89-315-7720-4 (13370)
정가 | 18,000원

이 책을 만든 사람들
기획 | 최옥현
진행 | 정지현
본문 디자인 | 김인환
표지 디자인 | 박원석
홍보 | 박연주
국제부 | 이선민, 조혜란, 고운채, 김해영, 김필호
마케팅 | 구본철, 차정욱, 나진호, 이동후, 강호묵
제작 | 김유석

이 책의 어느 부분도 저작권자나 BM 주식회사 성안당 발행인의 승인 문서 없이 일부 또는 전부를 사진 복사나 디스크 복사 및 기타 정보 재생 시스템을 비롯하여 현재 알려지거나 향후 발명될 어떤 전기적, 기계적 또는 다른 수단을 통해 복사하거나 재생하거나 이용할 수 없음.

※ 잘못된 책은 바꾸어 드립니다.

속독기억의 공부기술

빨리 읽게 되고 오래 기억되는 창의적 학습법

한국기억술연구원 손 동 조 지음
한국기억법창시자 손 주 남 감수

BM 성안당

머리말

'새로운 책이 홍수처럼 밀려오는 현실.'
도움이 되는 지식이나 자료의 정보(情報)를 얼마나 신속하고 정확하게 읽고
필요한 것은 기억해야 한다.

아이젠하워의 독서와 리더십.
나폴레옹의 전쟁터 막사에 진열된 수백 권의 책.
14세 때 물리, 수학 분야의 책을 독파한 아인슈타인.
취침 전 15분 책 읽기를 생활화한 15분 독서법의 윌리엄 오슬러.
모든 발명은 독서의 힘이라 강조한 에디슨.
007소설을 받은 자리에서 속독으로 읽었다는 케네디 대통령.
마을의 작은 도서관의 힘을 강조한 빌 게이츠의 성공이야기.
한 권을 정독하는 것보다 다섯 권을 속독하는 게 낫다는 다치바나 다카시.

속독 혹은 독서로 세상에 널리 알려진 명사들에게는 독서에 관한 일화나
기록이 많다. 유명한 명사들은 대부분 독서광이었고 또 속독을 즐겼다.
역사에 뛰어난 업적을 남긴 사람들, 성공으로 가는 사람들은
대부분 지독한 독서광이었다.
'소중한 것은 눈에 보이지 않아 마음으로 찾아야 한다.'
생텍쥐페리의 어린왕자를 스무 번도 더 읽었다는 무소유의 스님.

독서는 국가경쟁력이다.
한 권의 책이나 글귀는 한 사람의 인생을 바꿀 수 있는 힘이 있다.
책을 독파한다는 것은 자신의 의지가 필요한 것이다.
독서라는 과제를 쉽게 해결하기 위한 속독법을 배우자!
독서를 통해 세상을 읽는 지혜와 지식을 배우자!

속독훈련의 효과는 많다!

1. 독시야(讀視野)가 확대되죠.
2. 주의력·집중력이 향상되죠.
3. 순간 글자 인지능력이 향상되죠.
4. 독서능력이 많이 향상되죠.
5. 잠재력이 계발되죠.
6. 창의력이 계발되죠.
7. 지능지수(I.Q)가 발달하죠.
8. 정신집중이 잘되죠.
9. 학습능력이 향상되죠.
10. 자율신경 반사가 발달하죠.

차례

제1편 속독의 장
- 글자를 덩어리로 읽어라! /10
- 독서 지수를 높여라! /11
- 순간 글자인지 훈련을 하라! /12
- 생각의 흐름으로 책을 읽어라! /13
- 순간 끊어 읽기 훈련을 하라! /14
- 속독의 장애물을 없애라! /15
- 목독(目讀)으로 읽으며 내용을 지각하라! /16
- 정신을 집중하여 글속에 빠져라! /17
- 정독이냐 속독이냐 따지지 말고 공존해라! /18
- 그린마인드, 에코지능으로 책을 읽어라! /19
- 속독훈련의 좋은 재료는 동화책이다! /20
- 안구운동, 글자인지 훈련을 꾸준히 하라! /21
- 빠른 이해, 속해능력을 훈련하라! /26
- 속독은 어휘력이 자산이다! /27
- 속독하더라도 기억하려고 애써라! /28
- 인생이 바뀔 정도로 다독하라! /29
- 줄넘기, 뛰어넘기, 스킵훈련을 하라! /30
- 징검다리를 건너, 스캐닝으로 읽자! /31
- 자세는 속독 훈련의 기본이다! /32
- 집중력, 속독을 위한 산소 호흡법! /33
- 유연성을 위한 전신 이완체조! /34
- 집중력이 좋아진다! 보색잔상 수련도 /38
- 속독을 위한 기본 안구운동 /42
- 실전속독의 안구흐름, 이동훈련 /48
- 그림 인지능력 훈련표 /51
- 집중력 두뇌훈련 글자인지 훈련표 /53
- 삼각구도 글자인지 시야 확대 훈련 /55
- 시력 향상과 눈 건강을 지키는 훈련법 /56

- 시력 향상을 위한 눈 체조[1] /57
- 한 글자 인지훈련 스피드 측정[1] /59
- 한 줄 스피드 속독 트레이닝 [1단계] /61
- 시력 향상을 위한 눈 체조[2] /72
- 두 글자 인지훈련 스피드 측정[2] /74
- 두 줄 스피드 속독 트레이닝 [2단계] /76
- 시력 향상을 위한 눈 체조[3] /87
- 세 글자 인지훈련 스피드 측정[3] /89
- 세 줄 스피드 속독 트레이닝 [3단계] /91
- 시력 향상을 위한 눈 체조[4] /102
- 네 글자 인지훈련 스피드 측정[4] /104
- 네 줄 스피드 속독 트레이닝 [4단계] /106
- 시력 향상을 위한 눈 체조[5] /117
- 다섯 글자 인지훈련 스피드 측정[5] /119
- 다섯 줄 스피드 속독 트레이닝 [5단계] /121
- 시력 향상을 위한 눈 체조[6] /132
- 속독을 위한 한 글자 인지훈련[6단계] /134
- 시력 향상을 위한 눈 체조[7] /145
- 속독을 위한 두 글자 인지훈련[7단계] /147
- 시력 향상을 위한 눈 체조[8] /158
- 속독을 위한 세 글자 인지훈련[8단계] /160
- 시력 향상을 위한 눈 체조[9] /171
- 속독을 위한 네 글자 인지훈련[9단계] /173
- 시력 향상을 위한 눈 체조[10] /184
- 속독을 위한 다섯 글자 인지훈련[10단계] /186
- 한 행의 글자를 한두 번에 나누어 읽자 /197
- [글자 뭉쳐보기 훈련]돈키호테의 도전정신을 배워라 /199
- [글자 뭉쳐보기 훈련]제주도 여행 이야기 /206
- [글자 뭉쳐보기 훈련]마지막 잎새의 희망 /213

제2편 기억의 장

- 뇌의 역할은 영역별로 나누어져 있다 /226
- 소감문 /227
- 뇌도 단련시키면 근육과 마찬가지로… /228
- 공신의 공부법 /229
- 공부방법 체크하기 /230
- 공부보다 중요한 것 체크하기 /231
- 공간력 공식 /232
- 낱말 결합 훈련 /242
- 한글 숫자 기본 공식표 /244
- 글자 공식에 의한 국사연대 기억 훈련하기 /250
- 근현대사의 흐름 구조화 연상하기 /256
- 히말라야 산맥 8,000m급 산 높이 기억 훈련하기 /264

- 제2편 부록 : 민법[조] 숫자를 글자 낱말로 연상 기억 /267

제1편
속독의 장

독서력 향상을 위한 훈련법
한 줄 기호 스피드 훈련 ~ 다섯 줄 기호 스피드 훈련
한 글자 인지훈련 ~ 다섯 글자 인지훈련

- 글의 핵심을 파악하라!
- 독시야를 넓혀라!
- 글자 인지훈련을 지속하라!
- 빠른 독서력이 성공의 지름길이다!
- 눈으로 보고 마음의 느낌으로 이어가라!

글자를 덩어리로 읽어라!

독서에 있어서 눈의 중요함은 누구나 다 알고 있다.
눈은 탁구공보다 조금 작으며 수천만 개의 시신경 세포를 가지고 있다.
눈의 망막으로부터 들어온 정보가 시신경을 통해 들어오는데, 그 모든 정보는 뇌의 뒤통수인 후두엽에 전달되어 뇌 속에서 그 의미를 해석하게 된다.
글을 읽을 때 있어서 독서 세포는 글자 한 자만 보는 것이 아니라 눈의 렌즈 안으로 들어오는 모든 글자를 한 번에 받아들여 분석할 수 있는 능력을 갖추고 있다.

속독으로 글을 읽으려면 많은 글자를 인지하여 어군(語群)으로 읽어나가야 한다.
뇌에서는 글자 한 자를 보게 되면 그 글자 한 자, 한 자를 별도로 인식하기 때문이다.
글자들을 이어서 한 단어, 한 단어로 인식하고 서로 연결하여 한 줄의 문장으로 인지하게 되는 것이다.
어군을 형성하게 되면 눈으로 인식하는 속도가 빨라지게 되므로 문장 전체의 의미를 신속하게 파악하게 되는 것이다.

한눈에 많이 보면 안구의 움직이는 속도가 떨어지게 된다.
안구가 거의 움직이지 않거나 약간의 미동으로 글을 보게 되면 눈의 피로도 덜어지게 되므로 속독을 할 수 있는 눈을 가지게 된다.
한 행의 글자 전체를 한 번에 보는 습관을 길러 두뇌가 빨리 독해할 수 있는 능력을 갖출 수 있도록 어군으로 책을 읽도록 노력하여야만 한다.

독서의 효율을 높이려면 한 시간 정도 책을 보다가 눈의 피로를 풀기 위해 실내의 가장 먼 곳이나 창문 밖의 경치를 보면서 눈의 피로를 잠시 풀리게 한다.

독서 지수를 높여라!

한 글자씩 소리 내어 낭독으로 글을 읽는 정독의 방법은 누구나 안다. 속독법에서는 정독과 속독을 절충하여 읽는 방법을 배운다.

독서지능(Reading Intelligence)은 개인의 독서능력을 평가하는 지수이다.

어휘, 문장, 어절을 분석하여 대상에 따라 유아 및 초·중·고·대 이상 등급으로 나누어 독서능력을 평가하여야 한다.

독서능력은 단순한 책 읽기 능력이 아니라, 지적인 능력과 두뇌의 힘, 정신력이다.

직장에서나 사회생활을 할 때 성공에 영향을 미치는 것이 독서지능 지수이다.

개인의 독서지수에 따라 달라질 수 있으며 글을 읽는 속도와 독해능력 등에 따라 성공과 실패가 달라질 수 있다.

논술과 입사시험에서도 독서의 힘이 발휘된다.

평소에 많은 독서를 한 사람과 그렇지 아니한 사람의 지적능력은 다르다.

독서지수를 개발하려면 첫째로 속독능력을 향상시키는 훈련이 필요하다.

속독훈련을 할 때에는 소리 내지 말고 눈으로만 읽어야 한다.

속독은 목독(目讀), 눈으로 읽어 훈련해야 한다.

목독은 눈으로 읽는다는 뜻으로, 소리 없이 읽음을 말한다.

글자를 읽을 때 입술이 움직인다든지 마음속으로 읽어서는 안 된다.

속독기호가 단순한 기호로 되어 있는 것은 입속에서 읽는 것을 방지하기 위해서이다. 속독훈련 시 기호를 보면서 빠르게 안구가 움직여 이동할 수 있게 한다.

눈으로 글자를 보는 즉시 뇌로 정보가 들어가 해석하게 되므로 목독으로 읽는 것이 속독에서 매우 중요하다.

읽는 속도가 몇 배 이상 빨라지게 되므로 독서능력 또한 향상된다.

속독을 원한다면 더욱 많은 글자를 덩어리로 읽어서 독파할 수 있는 능력을 최대한 길러야 한다.

순간 글자인지 훈련을 하라!

속독에서는 순간적으로 글자를 인지하는 능력이 필요하다.

인간이 사물을 인지하는 데 필요한 시간은 0.3초이다. 안구 훈련을 통하여 0.003초까지 단축된다.

안구 운동으로 최고 100배까지 단축하게 할 수 있는 것은 학습훈련으로 뇌가 변화된 것이다.

글자를 한 자씩 읽지 말고 사물 하나 보는 속도로 빨리 보고 인지할 수 있는 능력을 길러야 한다.

도로에는 수많은 자동차가 오고 가고 있으며 각 자동차 앞과 뒤에는 숫자로 된 번호판이 있다.

번호판에 있는 숫자를 한 자, 한 자씩 보는 것이 아니라 한눈에 보고 그 숫자를 0.003초 내에 알아내야 한다.

자동차의 번호판에 있는 숫자를 보고 빨리 인지하는 훈련을 하면 속독훈련에 많은 도움이 된다.

독서를 할 때에도 영화의 한 장면처럼 영사기의 필름이 돌아가듯 연속적으로 연결하여 책을 보아야 한다.

이때 안구는 수직 물결로 빨리 이동하게 되며, 뇌에서는 필름이 끊어지지 않는 것처럼 글의 내용을 기억하며 계속 달릴 수가 있게 된다.

눈동자가 이동할 때마다 뇌에서도 수평적으로 빠르게 해석하게 된다.

속독을 하기 위해서는 눈동자가 거의 정지된 상태에서도 많은 글자를 볼 수 있어야 하며 독시야의 폭을 넓혀 나가야 한다.

안구는 서서히 미동하면서 많을 글자를 한눈에 보며 글을 읽게 된다.

속독을 하기 위해서는 시야 확대 및 글자 순간 인지훈련을 꾸준히 하여 시각의 폭을 넓혀 나가야 한다.

책을 볼 때의 시점은 각 페이지의 중심선에 있어야 하고 머리는 움직이지 않은 상태에서 눈동자만으로 글을 읽어 나가야 한다.

속독으로 책을 읽기 위해서는 내용이 쉬운 책부터 차차 어려운 책으로 훈련하고, 활자가 큰 것부터 시작하여 점차 활자가 작은 것으로 훈련해 나간다.

생각의 흐름으로 책을 읽어라!

글을 읽을 때에는 생각의 흐름과 속도의 리듬을 타면서 연속적으로 읽어나가야 한다.
빠른 독서는 두뇌 속에서 흐르는 생각을 잘 정리하면서 이어 달리게 된다.
글자가 합쳐지면 단어가 되고, 단어들이 엮이면 구(句)와 절(節)이 된다.
구와 절이 모여 문단(文段)이 되고, 문단들이 모여 한 편의 글이 된다.
책을 읽을 때 글의 내용을 생각하며 내용의 흐름을 따라 흘러가야 속독으로 독해할 수 있는 능력이 생긴다.
글을 읽을 때에는 글자 그 자체만을 보는 것이 아니라 단어를 보는 즉시 하나의 낱말과 읽어온 글의 내용 전체를 생각의 단위로 보아야 한다.
글을 읽을 때에는 한눈에 글자들을 뭉쳐보고 의미를 빨리 생각해야 한다.
인간의 두뇌는 눈으로 들어오는 글귀의 정보들을 단기적으로 임시 기억했다가 글귀들을 연결하여 전체의 의미를 파악할 수 있게 한다.
속독으로 책을 읽기 위해서는 어군으로 글을 읽는 훈련이 필요하고 다시 문단으로 글을 읽어가는 훈련이 필요하다.
독자가 고전이나 단편소설의 글을 읽을 때 한 행의 글자 약 23자, 한 면의 글자 약 500자 정도의 글자를 한 자도 틀리지 않고 기억하는 것이 아니라, 그중에 가장 중요한 낱말이나 글자의 정보를 약 50% 정도만 뇌가 기억하게 되는 것이다. 나머지 50%는 기능어나 접미어로서 글을 읽을 때 주변 시야로 보면서 짐작하여 글을 읽어나가게 된다.
독자가 글을 생각의 흐름으로 읽게 되면 그 의미를 완전히 이해하게 되는데, 간혹 모르는 단어가 있다 하더라도 글을 읽으면서 나중에는 그 뜻을 정상적인 의미로 파악되게 되며, 글 전체의 내용을 이해하게 된다.
글을 읽을 때에는 문단 하나를 최소단위로 보고 여러 문단을 이어나가야 한다.
이렇게 글을 읽어 나가면 글 속의 내용을 빨리 파악할 수 있으며 속독으로 책을 읽을 수 있게 된다.

순간 끊어 읽기 훈련을 하라!

책을 읽을 때에는 눈동자가 어느 한 곳에 너무 오래 머무르지 않도록 하고, 시야에 들어오는 모든 글자를 되도록 **빠르게** 인지하면서 글을 읽어 나가야 한다.

처음에는 한 행의 글자들을 5분의 1로 나누어 보다가, 조금 속달되면 3분에 1로 나누어 보다가, 다시 숙달되면 2분의 1, 즉 한 행을 반으로 나누어 보는 훈련이 필요하다.

훈련을 하다 보면 어느 순간 한 줄을 한 번에 인지할 수 있는 능력을 갖추게 된다.

독서를 할 때의 안구는 글의 내용을 따라 전진하며 글을 읽어가다가 다시 뒤로 돌아와 글을 읽는 일이 없도록 하여야 한다.

글을 끊어 읽을 때에는 정지하는 시간은 매우 짧게 해야 하며, 이어지는 느낌으로 안구가 순간적으로 이동해야 한다.

독서를 하다 보면 한 행의 글자 수가 적어서 반 이하로 떨어지는 예도 있다.

그럴 때에는 그 행을 스쳐서 지나가며 글을 읽어가는 연습도 필요하다.

그렇다고 그 행을 전혀 읽지 않고 가는 것이 아니라 건너뛰는 순간 글의 내용이 시야에 잡히므로 굳이 그곳에 시선이 머무를 필요가 없다.

눈은 실제 글자를 그림처럼 받아들이고 그 순간 독해는 두뇌가 하는 것이다.

두뇌의 독해 속도보다 안구만 **빠르게** 이동해서는 안 된다.

두뇌의 독해 속도가 안구의 진행 속도와 흐름이 일치해야만 글의 내용을 정확하게 읽을 수 있다. 즉 속독을 위해서 글자를 빨리 보고 순간 이해하는 능력을 키워야 하는 것이다.

빨리 읽는 것보다 독해능력이 우선 되어야 한다는 마음으로 훈련해야 한다.

아무리 빨리 읽어도 독해능력이 떨어진다면 속독의 참 의미는 사라진다.

그러므로 순간 글자 인지능력을 향상시키기 위해서 **빠른 독해력**이 될 수 있도록 꾸준한 글자훈련이 필요하다.

속독의 장애물을 없애라!

♣ 책을 빨리 읽으려면 속독에 장애 요인을 제거해야 한다.

■ 머리를 고정하고 읽기

책을 펴고 글을 읽을 때에는 글자의 행을 따라서 머리가 좌에서 우로 움직이는 경우가 많이 있다.
정면에서 글자를 바라보고 한 자씩 응시하면서 읽어 나가기 때문에 나타나는 자연스런 현상이다.
눈으로 글자를 보게 되면 글자가 쓰여 있는 위치에 따라 보는 각도가 달라지므로 자연적으로 머리가 움직이게 된다.
이런 때 머리가 움직이는 속도와 안구가 동시에 이동하기 때문에 눈이 더 피로해져 책을 빨리 읽을 수 없게 된다.
책을 읽을 때에는 머리를 고정한 상태에서 안구만을 움직여 글을 읽도록 한다.

■ 손가락으로 짚어 읽지 말기

책을 읽을 때 손가락으로 글자의 행을 따라서 이동하며 책을 읽게 되는 경우가 있다.
글자의 행을 놓치지 않기 위해서 손가락이나 필기구 등으로 짚어 가며 글을 읽는 것이다.
이때 짚어가는 속도로 글을 읽기 때문에 빠른 속도로 글을 읽을 수 없게 된다.
또한, 손가락이 글자와 함께 보이면서 따라 이동하게 되므로 집중력이 떨어지고 신경이 쓰여서 지속적으로 글을 읽어 나가기 매우 어렵다.
글의 전체 내용이 흐트러지고 글의 흐름을 이해하는 데 혼란이 오게 되며, 책 읽기에도 싫증을 느끼게 된다.

목독(目讀)으로 읽으며 내용을 지각하라!

■ 책을 읽을 때 소리 내어 읽지 않기

글을 빨리 읽으려면 소리 내어 읽는 것보다 목독(目讀)으로 읽어야 한다 하여 묵독(默讀)으로 읽는 예도 있다.

묵독으로 글을 읽으면 입술을 움직이거나 소리가 겉으로는 나오지는 않지만, 마음속으로 한 글자 한 글자씩 글을 읽게 된다.

소리 내어 읽으면 인체의 발음기관에서 자연스럽게 나타나는 현상이기 때문에 빨리 속도를 낼 수 없게 된다.

속독을 하려면 눈으로 글자를 보는 순간 낱말의 의미를 생각하여 마음의 느낌으로 읽고 뇌에서는 즉각적인 반응으로 글의 내용을 파악하여 지각할 수 있어야 한다.

■ 나쁜 습관, 역행하여 읽기

보통 글을 읽을 때에는 순행(順行)으로 읽는다.

때론 정신이 딴 데 가 있어 읽은 내용이 생각나지 않아 뒤돌아가 읽기도 한다.

아래쪽을 읽고 이미 읽어서 지나왔던 위쪽으로 다시 올라가서 읽는다.

읽으면서도 글의 내용이나 의미의 리듬이 깨져 아예 첫 페이지부터 다시 읽기도 한다.

이는 자동차가 직진하다가 일정거리를 후진하였다가 다시 직진하는 것과 마찬가지이다.

도로에 다른 차가 없다면 다행이지만 역주행이 얼마나 위험한가?

이렇게 하다 보면 자동차가 사고가 나듯 책을 읽는 것을 포기하는 습관이 생긴다.

역행하여 읽기는 시간적 낭비로 독서의 속도가 떨어지는 현상이 나타난다.

글을 읽을 때 간혹 모르는 단어가 곳곳에 숨어 있어서 내용 파악과 이해가 어려울 수도 있지만, 멈추지 않고 과감하게 직진하여 읽어간다.

모르는 단어가 중간에 있어도 속도를 멈추지 말고 그대로 글을 읽어나가도 무방하다.

집중하여 내용의 흐름을 좇아 읽다 보면 전체의 흐름이 파악되므로 모르는 단어가 간혹 있다 하여도 책의 내용은 이해된다.

정신을 집중하여 글속에 빠져라!

■ 읽다가 멍하게 있거나 머뭇거리거나

책을 읽다가 정신이 흐트러져 잠시 멍하게 있지는 않는가?
목적도 없이 머뭇거리지는 않는가?
책의 내용을 연상하기 위해 읽는 것을 중단하지는 않는가?
책을 읽다가 감흥(感興)을 받기 위해서가 아니다.
그렇다고 그냥 쉬는 상태는 더더욱 아니다.
자기 자신도 잘 깨닫지 못하는 습관이다.
책을 읽다가 멍하게 있거나 머뭇거리는 습관은 독서와 속독에서 방해 요인이다.
집중력이 없어 산만해진 결과이다.
책의 내용을 파악하는 데 큰 장애의 요인이 된다.
책을 읽을 때에는 정신을 고도로 집중하는 집중력이 필요하다.
책을 읽어 나가는데 내용의 흐름을 절대 놓치지 말아야 한다.
그리고 일정한 속도를 유지하며 글을 읽어 나가는 것이 매우 중요하다.

정독이냐 속독이냐
따지지 말고 공존해라!

독서의 목적이 모래를 헤쳐 금을 캐어 내는 것이라면 '다(多)'와 '정(精)'을 겸해야 한다고 하였다.

책과 정보가 많아지는 상황에서 효율적 시간관리를 위하여 속독하는 것이다.

온종일 책만 읽을 수 있다면 정독이 더 좋을 수도 있다.

왜, 속독 하나. 바빠서? 속독은 한 권이라도 더 읽으려는 방법이다.

속독을 주제로 강의하다 보면 대부분의 참가자들이 정독과 속독 사이에서 어느 쪽을 믿고 따를 것인지에 대해 고민하는 것을 느낀다.

속독법을 배우는 초기에는 갈등이 따를 수 있다.

속독법은 정독을 포함한 개념으로 이해하여야 한다.

어떤 분은 "속독은 시키지 말라~" "왜? 속독을 배우나?"라고 묻기도 한다.

시간이 많고 여유롭게 책을 읽을 수 있는 환경과 조건이라면 정독으로 읽어도 상관없다.

유아시기에는 한글을 정확히 모르기 때문에 속독으로 읽을 수 없다.

어떤 분은 천천히 줄을 그으면서 한 권의 책이라도 제대로 읽어야 한다.

독서습관이 안 되어 있다면 책을 읽어야 하는 동기부여의 기회가 있어야 한다.

지금은 휴대전화기로 방송을 보고 신문기사를 읽는 시대이다.

출퇴근 시간에 적절히 책을 읽을 수 있는 환경이 된다면 독서를 게을리 하지 말아야 한다.

이때에는 짧은 시간에 집중하고 읽어야 하니까 속독이 매력적이다.

속독을 배운 사람들은 여러 책을 섭렵할 수 있기 때문에 자기에게 맞는 책을 찾을 수 있다.

속독을 배운 사람들은 책을 광범위하게 구경하고 비교하여 구매할 책을 결정할 수 있다.

그래서 속독으로 책을 읽는 사람들은 책 구매율이 높을 수밖에 없다.

속독맨들이 많아야 베스트셀러에 집착하지 않는 독서문화가 정착될 것이다.

그린 마인드, 에코지능으로 책을 읽어라!

모든 책이 양서가 아니듯 책 모양이 좋다고 다 좋은 책은 아니다.
또 인기도서, 초 베스트셀러라고 다 읽어 볼만한 책은 아닐 것이다.
책의 판매순위를 조작하는 시대에 진정한 독자는 서글프다.
베스트셀러 순서로 책을 읽는 독자들을 노려 일부 출판사에서는
무리한 마케팅을 펼쳐 베스트셀러를 만들고 있다.
그래서 베스트셀러라도 내용 파악을 하고 사는 게 좋다.
방법은 속독으로 목차와 전체적인 내용을 대충 파악하는 것이다.
선택이 어려우면 차라리 베스트셀러를 읽지 말고 고전을 여러 번 반복하여 읽어라!
아이들이 좋아하는 동화책을 많이 읽어라!
동화책을 읽고 있으면 순수한 마음이 되어 에코지수가 올라갈 것이다.
난해한 책보다 초·중·고 교과서에 실린 도서목록으로 쉽게 독서습관을 길들이자.
감성지수(Emotional Quotient)와 에코지수(Ecological Intelligence)는 미래에 더 필요한 능력이다.
감성은 외부에서 받아들인 자극을 시간적·공간적·이성적으로 정리하는 능력이다.
EQ는 직장 내에서 조직 간의 원만한 인간관계와 팀워크 공헌도에 따라 평가한다.
지구온난화, 환경오염 등의 각종 문제로 세계는 고민하고 있다.
자연과 인간이 공생하려면 친환경적인 에코지수에 대한 이해가 필수적이다.
'종이 대란'은 독자들이 고급지로 만든 책을 선호하는 것도 한몫했다고 한다.
친환경적인 재생지로 만든 책이 가벼워 휴대하기가 편해 책을 많이 읽을 수 있다.
책의 알맹이인 내용보다 화려한 표지, 포장술에 현혹되는 게 안타깝다.
녹색 마인드인 에코지능을 높여 책을 사랑하고, 자연을 사랑하자.

속독훈련의 좋은 재료는 동화책이다!

어린이를 위하여 동심을 바탕으로 지은 이야기, 동화(童話)!
어른이라고 어린 시절 동화책을 모조리 읽은 게 아니다.
속독훈련을 하면서 동화책을 많이 읽어보자.
기호훈련과 실전훈련은 100일, 매일 30분 훈련이 필요하다.
기호훈련은 속독법 교재로 하고, 실전훈련은 처음 1개월~2개월에는 동화책이 좋은 연습용 재료가 된다.
동화책 중에서 150쪽~200쪽, 한 쪽 천 글자 이상의 책이 좋다.
동화책을 읽는 목적은 독서의 시간을 짧게 하여 독서의 습관을 길들이는 데에 있다.

속독 연습에 좋은 책

생텍쥐페리의 어린왕자/이솝우화/라퐁텐 우화/케네디/링컨/나폴레옹/
빌게이츠/세종대왕/김시습/정약용/이이/이황/최남선/이광수/사명대사/
신채호/공자/어린이를 위한 세계 위인전기/한국 위인전기/전래동화/
오세암/돈키호테/천로역정/걸리버 여행기/오만과 편견/올리버 트위스트/
제인에어/주홍글자/백경/톰아저씨의 오두막/마담 보바리/죄와 벌/
헨젤과 그레텔/삼국유사/견우와 직녀/꽃씨와 태양/늙은 어머니의 지혜/
구멍 가겟집 세 남매

안구운동, 글자인지 훈련을 꾸준히 하라!

♣ 속독으로 독파할 수 있는 능력이 자연히 생길 수 있도록 안구운동을 열심히 해야 한다.

■ 꾸준하게 글자인지로 속독 실전 훈련하기

독서를 할 때에는 책을 빨리 읽겠다는 의도적 마음을 갖고 읽어야 독서 시간을 단축할 수 있다. 남들 한 권 읽는 동안 나는 두세 권 정도 읽어야지 하는 마음으로 속도에 주력하면서 빨리 읽으려고 노력해야 한다.

속독의 이론만 가지고 글을 빨리 읽을 수는 없다.

수영 선수가 이론으로만 수영을 빨리할 수 없듯이 속독도 마찬가지이다.

실전 속독훈련 없이 이론을 이해했다고 속독능력이 생기지 않는다.

책을 읽으려는 욕심만 갖고 책을 빨리 읽을 수 없다.

적어도 100일 정도의 훈련과 다독하는 습관이 필요하다.

훈련하다 보면 실전훈련이 매우 중요하다는 것을 알게 된다.

속독의 이론을 토대로 독서 습관을 개선하고 교재에 맞추어 연습하다 보면 빨리 읽을 수 있는 능력을 갖추게 된다.

글자를 보면서 속도를 내려고 하면 내용이나 의미 파악이 잘 안 되고 안구의 움직임이 다소 불편하다고 느낄 수도 있다.

훈련과정이 습관화되면 자연스럽게 속독 능력이 생기며 오히려 예전처럼 천천히 글을 읽으려면 불편함과 답답함을 동시에 느끼게 된다.

속독의 신, 다독의 신이 되려면 꾸준한 속독훈련과 노력을 아끼지 말아야 한다.

하루에 20~30분 정도 시간을 정하여 매일 꾸준히 훈련하고 실전 속독훈련을 겸하여 연습하면 자연스럽게 속독으로 책을 볼 수 있게 될 것이다.

■ 글자 수와 소요시간 계산하여 기록하기

초보단계의 실전 속독 훈련은 책이 두껍지 않고 내용이 쉬워야 끝까지 할 수 있다.
어려운 책으로 하는 속독 훈련은 속도 저하와 난독의 원인이 될 수도 있다.
초보단계에서 전문서적으로 속독 훈련을 하는 것은 피하는 것이 좋다.
책 한 권을 다 읽고 나서 소요시간을 꼭 기록하는 습관을 기르자.

분당 글자 수 계산하기 : 총 글자 수÷소요시간(초로 환산)×60

기록은 속독 능력이 얼마나 발전하는지 알아볼 수 있다.
처음의 측정기록과 나중의 기록을 비교하면 자신감이 생기고 빨리 독파하겠다는 의욕이 생긴다.
자신도 모르는 사이에 자연스럽게 속독으로 책을 읽을 수 있다.

■ 시지각의 폭, 넓이와 주시점 두기

응시점을 두고 쳐다보면 무엇이 있는 것을 정확히 알 수 있지만,
넓은 시야를 확보하기 어렵다. 시폭이 좁은 상태에서 독서를 할 때도 마찬가지이다.
책을 펴들고 한 글자, 한 단어에 응시점을 두고 빠르게 글을 읽어나가면 글자만 지각되어 주변에 있는 많은 낱말이 폭넓게 시야에 들어오지 않는다.
시점(주시점)을 한 행의 중심선에 두고 글을 읽게 되면 안구는 행을 따라 이동한다.
이동하는 순간에 응시점을 중심으로 좌·우에 있는 글자까지 함축하여 주변 시야로 들어온다.
한 개의 응시점에 들어오는 글자가 많아지므로 안구가 빠르게 이동한다.
글자들이 떨어지지 않고 중첩하여 시야에 잡혀 글의 이해가 더욱 빨라지고 속독으로 책을 읽을 수 있다.
글을 읽을 때에는 시야의 폭을 넓혀서 글자군을 형성하여 여러 글자와 단어들을 한 번에 묶어서 인지해야 한다.
한 줄의 내용을 글자 한 자 보는 속도로 빠르게 이해할 수 있다.
실전속독에서는 한 행을 3분의 1로 끊어서 읽어라.
다음에는 2분에 1로 나누어 안구를 좌·우로 두 번 빠르게 이동하여 읽는다.

■ 안구 운동할 때 자세와 실내에서 눈 체조하기

글을 빨리 읽으려면 부드러운 안구의 흐름이 중요하다.
기본적으로 안구의 근육을 발달시켜야 하며 눈 체조로 상·하, 좌·우로 안구를 움직이면 된다.
훈련할 때 머리는 고정한 상태에서 안구에 약간 힘을 넣어 빠르게 이동한다.
안구운동과 눈 체조는 속독법 훈련용 교재로 한다.
속독훈련을 할 때에는 책과 눈의 거리는 약 25㎝~30㎝ 정도 유지한다.
책 없이 책상의 양끝이나 벽의 모서리를 이용하여 훈련해도 좋다.
몸은 중앙 위치에 두고 눈은 모서리의 양끝과 끝을 빠르게 보면서 상·하, 좌·우, 또는 대각선으로 이동하여 눈 체조를 한다.
안구훈련으로 시력이 좋아질 수도 있고 안력이 강화되기도 한다.
책을 오래 보더라도 눈의 피로를 느끼지 않는다.
속독과 튼튼한 안구를 원한다면 눈 체조를 꼭 해야 한다.

■ 글자 뭉쳐 읽기와 시지각 훈련하기

시지각 훈련을 통하여 응시점을 점차 줄이면서 순간에 지각할 수 있는 능력에 목적을 두고 훈련해야 한다.
응시점에서 응시하는 시각이 길어지면 그만큼 속도가 떨어지게 되므로 지각의 속도를 높이는 것이 필요하다.
외국 영화를 볼 때 스크린에 한글 자막이 나온다.
글자를 빨리 인지하지 못하면 영화의 화면은 빠르게 넘어가기 때문에 영화를 보고도 내용을 잘 알 수 없게 된다.
영화 자막을 보고 빨리 인지하는 훈련이 속독에도 도움이 된다.
순간 인지능력 훈련을 통하여 여러 단어를 한 번에 묶어서 인지한다.
점차 시폭을 넓혀서 여러 단어를 한꺼번에 뭉쳐서 읽고 의미를 빨리 파악한다.
시지각 능력을 향상시키려면 길을 걸어가거나 달리는 차 안에서 창밖의 거리의 간판들을 보는 훈련도 효과가 있다.
간판에 쓰여 있는 글씨들이 시야에 들어온다.
글자가 많이 있어도 한 자, 한 자 읽지 말고 간판의 글자를 한눈에 보고 인지하는 훈련을 한다.

■ 글로 연결된 길을 따라 줄을 정확하게 이어 읽기

한 줄씩 글자를 따라서 잘 읽어가다 어느 순간에 길을 잃어버려 읽은 줄을 또 읽는 경우가 있다.
행을 건너뛰어서 아랫줄을 읽는 예도 있다.
글을 읽을 때 줄의 첫머리 글자를 찾지 못하기도 한다.
속독으로 책을 빨리 읽으면서 정확하게 줄을 찾으려면 시폭을 넓혀서 읽어야 한다.
방금 읽었던 줄의 끝자리에 이르게 되는 순간 아랫줄의 끝 부분을 주변시야로 본다.
동시에 두 줄의 폭을 유지하면서 다시 안구를 우에서 좌로 이동하게 되면 절대로 줄을 놓치는 일이 없을 것이다.
줄을 중첩하여 읽게 되면 한눈에 내용이 함축해서 들어오기 때문에 줄을 놓치지 않으면서도 이해 능력이 빨라진다.
행을 놓쳤을 때 순간적으로 두 줄을 거슬러 역행하여 신속하고 정확하게 다음 줄을 찾아 이어갈 수 있다.

■ 소설이나 전기는 훑어 읽기가 가능하다

소설이나 전기를 읽을 때에는 단어 하나 빼놓지 않고 정확하게 읽지 않아도 된다.
읽고 난 후에 글의 줄거리나 요약된 내용만 남아있으면 된다.
전체 내용을 한 자도 틀리지 않고 다 암기해야 하는 것이 아니므로 요점만을 파악하여 읽어나가도 결론이 똑같다.
전체의 맥을 짚고 읽어 가면서 중요치 않은 글자는 주변시야로 본다.
개략적으로 책을 읽어도 내용 파악에는 아무런 지장이 없다.
내용이 쉬운 글을 읽을 때에나 시간이 없어서 글을 빨리 읽고 싶을 때에는 단어 몇 개쯤 건너 뛰어 읽어도 이해가 된다.
글자를 뛰어 읽는다 해서 글자를 전혀 보지 않는 것이 아니고 뛰어넘는 순간에 주변시야로 글자들을 본다.
속독 훈련은 쉬운 책으로 한다.
글의 중요한 부분을 이해하면 글의 전체 내용을 파악할 수 있는데, 집중하여 훑어보기 훈련을 하다 보면 속독으로 독파할 수 있는 능력이 생긴다.

■ 글을 읽을 때 능동적 사고로 독서력 향상시키기

책을 읽을 때에는 글의 내용을 수동적으로 받아들이기보다는 적극적이고 능동적인 사고로 받아들이는 것이 필요하다.
책을 읽어가며 내용에 호기심을 갖고 글을 읽어야 작가가 어떤 의도로 글을 썼는지 이해할 수 있다.
그리고 작가의 생각을 비판하면서 글을 읽는 능동적 태도도 중요하다.
작가의 생각과 표현을 비판해 보는 것도 매우 중요한 독서법이다.
자신에게 능동적 사고를 향상시키려면 책의 내용이 난이도가 좀 있는 것으로 글 읽는 훈련을 하면 좋다.
수준이 있는 책을 비판적 태도로 읽어나가면 독서 기술을 향상시키는 데 도움이 된다.

■ 어휘력을 위해 한자 공부하기

글을 읽다가 어려운 어휘가 나오면 그 지점에서 머뭇거리거나 그 낱말을 잠시 응시하기도 한다.
때로는 그 뜻을 알기 위해 가던 길을 돌아가듯 다시 역행하여 글을 읽기도 한다.
역행을 하면 시간이 걸리므로 글을 빨리 읽을 수가 없다.
평상시에 신문을 읽다가 잘 모르는 낱말이 있으면 사전을 찾거나 인터넷 검색을 하여 뜻을 이해하는 습관을 길러야 한다.
어려운 낱말은 한자어가 80% 이상이므로 한자 공부를 권한다. 한자와 친해지게 되면 어휘가 막힘이 없어져 책을 술술 읽을 수 있게 된다.

■ 장시간 책을 읽기 위해 집중력 훈련하기

한 자리에서 책을 오래도록 읽어야 하는데 그렇게 못하는 경우가 있다.
시간이 지날수록 자세가 흐트러지고 산만해진다.
독서의 바른 자세를 유지하려면 잡념을 없애고, 인내심과 지구력을 향상시킬 수 있는 고도의 집중력 훈련이 필요하다.

빠른 이해, 속해능력을 훈련하라!

자신이 독서능력이 떨어졌나요?
그렇다면 아마 두뇌훈련의 부족으로 뇌 기능이 현저히 떨어져 있을 것이다.
우리 두뇌는 속도가 빨라지면 뇌의 기능도 빨라진다.
속독 트레이닝을 통하여 자율신경을 발달시키고 독서 능력도 높여 보자!
글을 빨리 읽으면서도 빨리 독해해 낼 수 있는 것은 읽는 속도와 이해의 속도가 맞아떨어지기 때문이다.
책 읽는 속도와 이해의 속도가 맞지 않으면 책을 완독하고 나서도 글의 내용을 잘 모른다.
글을 읽을 때 이해도의 완성을 위해서는 두뇌 훈련을 통해서 글을 빨리 보고 즉시 이해하는 훈련이 필요하다.
책을 빨리 독파할 수 있도록 두뇌를 연마하는 것이 최우선이다.
글자를 한 자, 한 자씩 읽지 말고, 세 글자 낱말을 한 글자 보는 순간으로 이해하고 나서 다시 네 글자 낱말을 인지하는 훈련이 필요하다.
다섯 글자, 여섯 글자, 이런 식으로 점차 글자 수를 늘려서 열 글자 이상을 훈련한다.
훈련을 지속하면 한 줄의 내용을 글자 한 자 보는 속도로 이해할 수 있게 되며 한두 줄도 속독 독해할 수 있는 능력이 생긴다.
책을 빨리 볼 수 있는 능력이 생긴 후, 다시 책을 천천히 읽으려 하면 마음이 답답해지고 시야의 흐름이 깨지게 된다.
속독속해능력을 기르기 위해서는 글자 낱말 훈련으로 두뇌 속의 잠자는 뇌를 깨어나게 해야 한다.
이 책의 방법으로 훈련하면 두뇌가 발달하게 되어 독서력과 글자 인지능력 및 사고력이 매우 향상된다.
속독훈련을 할 때 최단시간에 효과를 거두려면 초시계를 사용하여 글자 수와 스피드 측정을 매회 꼭 기록하여야 한다.
이렇게 하면 자신의 속독능력이 얼마나 향상되었는지 바로 알 수 있으며 분당 몇 자를 독파했는지도 금방 파악할 수 있다.

속독은 어휘력이 자산이다!

다양한 장르의 책을 다독하면 자연히 어휘력이 향상된다.
평소 자신이 좋아하는 책만 읽는 것이 아니라 관심이 없는 분야의 책도 가끔 읽어야 한다.
전문가가 아니라면 편독이 아니라 책을 골고루 읽어야 한다.
독서를 할 때 모르는 단어가 나올 때마다 사전을 찾아야 한다면 책 읽기가 힘들어질 것이다.
간혹 모르는 단어가 나오더라도 신경 쓰지 말고 읽어나가는 걸 중단하지 말아야 한다.
앞뒤 문맥을 살펴보면서 모르는 단어의 의미를 추리하면 된다.
단어란 한 단어에 여러 뜻이 있기 때문에 문장 속에서 기억하는 게 폭넓은 기억방법이 된다.
글을 읽을 때에는 글자를 한 자, 한 자씩 읽으면서 글의 내용을 기억하는 것이 아니라 처음에는 한 행의 글자를 반으로 나누어 좌·우의 개념으로 순간 안구를 이동하여 보는 훈련이 필요하다고 여러번 강조해 왔다.
한두 줄을 한 번에 보고 연속적으로 빠르게 아래로 이동하면서 생각의 흐름으로 글의 내용을 인지하면 된다.
책을 읽을 때 글자의 정보들을 눈을 통하여 뇌가 감지하게 되므로 한 번에 많은 글자를 보는 것은 눈의 기능이지만 글 속의 내용을 분석하는 것은 뇌가 하는 능력이다.
소설이나 동화처럼 내용이 가벼운 책들은 글을 보는 즉시 그 내용을 이미지화하여 읽으면서 앞으로 전개될 내용을 미리 감지하게 된다.
속독하면서 앞의 내용을 미리 느끼지 못한다면 글자와 함께 내용까지 모두 사라지게 된다.
안구는 빠르게 이동하며 흘러가는데 이해의 속도가 떨어진다면 아무리 책을 빨리 읽어도 속독의 의미가 없다.
우리말의 70%가 한자어로 되어 있어 한자공부도 게을리하지 말아야 한다.

속독하더라도 기억하려고 애써라!

독서를 할 때에는 책 속의 여러 낱말을 종합적으로 분석하면서 순간적으로 낱말의 뜻을 이해하여야 한다.

글의 흐름이 끊어지지 않고 연결된 내용이 머릿속에서 잘 정리되면서 모두 기억할 수 있다.

책을 읽을 때에는 정신을 집중하여 책 내용에 푹 빠져서 읽어야만 글의 내용을 바르게 이해할 수 있다.

글 속에서 중심이 되는 내용을 잘 기억해 두고 여러 갈래로 나누어져 있는 내용을 서로 연관지어 이해하게 되면 글쓴이의 의도를 올바르게 파악할 수 있다.

글의 내용을 잘 기억하기 위해서는 빠르게 읽기와 몰입이 필요하다.

속독법을 배우지 않아도 많은 책을 읽으면 선천적으로 타고난 것처럼 남들보다 빨리 글을 읽을 수 있다.

안구의 흐름이 좋아지기 때문에 지속적으로 안구 운동을 한 것과 비슷한 훈련 효과를 가져오기 때문이다.

책을 읽을 때에 글의 내용을 생각하면서 읽으면 고도의 정신작용으로 전두엽의 신경세포가 활발하게 활동하여 글을 빨리 읽으면서도 내용을 빨리 분석할 수 있다.

잘 아는 내용의 책을 필자의 생각에서 비추어서 다시 한번 빠르게 읽어 보는 것도 좋은 속독훈련 방법이다.

속독 목표라는 동기부여를 하고 연습하다 보면 자신도 모르게 글을 읽을 때 생각의 속도로 안구가 글자 위를 달리는 느낌을 받는다.

꾸준한 안구운동과 글의 내용을 마음으로 빠르게 느끼는 것이 속독속해의 능력을 갖출 수 있는 최상의 지름길이다.

인생이 바뀔 정도로 다독하라!

책을 많이 읽은 사람의 인상은 온화한 것이 보통이다.
성공한 사람의 이미지다.
심지어 독서를 많이 하는 사람은 팔자가 바뀐다는 말도 있다.
성공한 사람들은 독서의 힘을 빌려 책에서 길을 찾고, 힌트를 얻어 어려운 난관을 이겨내는 것이 아닐까!
이처럼 성공에는 독서가 많은 부분을 차지한다.
속독훈련에 앞서 자연스럽게 책과 친해질 수 있도록 해야 한다.
책 읽기가 습관화가 안 됐으면 욕심부리지 말고, 책 제목에 연연하거나, 베스트셀러에 약해지지 말고 내용이 가벼운 책부터 읽어나가야 한다.
지루하지 않고 편하게 읽을 수 있는 책을 선택한다.
인터넷이나 휴대전화기 때문에 종이책 읽기를 등한시했다면 자신의 독서생활을 체크해봐야 한다.
시작이 반이다.
지금이 독서를 할 수 있는 가장 적기이다.
주간지나 월간지 등 몇 분 안에 즉석에서 다 읽을 수 있는 책도 좋다.
짧은 독서, 순간 독서로 점차 다양한 장르의 책을 접해 나가면 된다.
예를 들어, 1년의 100권 독서, 하루에 1시간 독서를 계획하여 글을 읽어나가야 한다.
하루에 1시간, 출퇴근 시간, 점심 시간, 잠자기 전의 시간을 모두 합해보자.
시간은 충분하다.
정해진 목표 없이, 오늘이 아니면 내일 읽는다 생각하면 1년에 1권도 못 읽을 수 있다.
우리나라 성인의 독서량은 경제 수준에 비해 낮으며, 게다가 갈수록 독서량도 떨어진다고 한다.
책과 점점 멀어지는 어른들 때문에 어린이 교육은 더 고민이 된다.
다독을 통해서 자연스럽게 속독이 될 수 있도록 매일 글 읽는 것을 습관화해야 한다.
책을 읽는 자체가 속독훈련이 된다.
다독이 습관이 된 사람은 속독능력이 있다고 볼 수 있다.
특히, 자녀가 있다면 살아있는 교육으로 부모들이 책을 읽는 모습을 먼저 보여줘야 한다.
매일 책을 읽다 보면 글 읽는 것이 습관화되어 1년에 수십 권 정도는 쉽게 읽을 수 있다.

 줄 넘기, 뛰어넘기, 스킵 훈련을 하자!

책 읽기의 속도를 내기 위해서는 글을 읽을 때 책의 난이도와 글의 성격을 먼저 파악하고 읽어야 한다.
속독으로 읽는 비법을 알아보자.
첫째 : 한눈에 읽을 수 있는 범위인 **독시야(讀視野)**가 최대한 확보되어야 한다.
둘째 : 중요하지 않은 글자는 **주변시야(周邊視野)**를 활용하여 인지한다.
셋째 : 제비가 수면을 스쳐 지나가듯 아주 살짝 내용을 느끼면서 빠르게 읽어야 한다.
넷째 : 책의 내용을 읽으면서 앞으로 전개될 내용을 미리 **감지(感知)**하면서 책의 상단 글과 책의 하단 글이 끊어질 틈을 주지 말고 연속적으로 이어서 읽어나간다.
스킵(skip)이란 속독법에서 '**군데군데 뛰어넘어 읽기**'이다.
속독을 위해서는 중요하지 않은 부분의 글자를 뛰어넘어 읽을 수 있어야 한다.
속독의 기술은 글자를 뛰어넘어 읽어도 글자를 안 보는 것이 아니라, 많은 글자를 한눈에 함축해 보면서 필요한 중요 부분을 파악하여 인지하는 것이다. 단, 빨리 읽는 마음이 앞서서 무작정 말을 타고 달리듯이 읽는다면 다 읽고 난 후 내용을 잘 모를 수도 있다.
책을 읽을 때에는 **독서리듬**이 필요하다.
책 내용 중에서 어느 부분은 빨리 읽기 위해서 뛰어넘어 읽을 수도 있고, 또 어느 부분은 속도를 약간 늦추어 읽을 수도 있다.
글의 내용을 확실히 짚어야 할 부분은 과열된 두뇌의 엔진을 식히면서 조절하며 읽어야 글의 내용을 바르게 이해할 수 있다.
속독을 위해서는 **언어의 글자 무리**, 즉 **어군(語群)**의 일부분을 버리면서 지나가도 이해가 된다.
예를 들어 초등학교 1학년 학생이 아침을 먹고 가방을 메고 인사를 하고 집을 나왔다면 어디를 갔을까? 당연히 학교에 가지 않았을까?
학교라는 낱말이 빠졌어도 학교에 간 것을 알 수 있는 것과 같이 글을 읽을 때 스쳐 지나갈 부분은 과감하게 지나쳐도 내용을 잘 알 수 있다.

징검다리를 건너, 스캐닝으로 읽자!

스캐닝(scanning)이란 안구의 흐름을 따라 빠르게 읽으면서 글의 내용을 조사하는 것으로, 필요하거나 중요한 대목(part)을 인지하면서 읽어가는 것을 말한다.
속독으로 다독을 즐기는 사람이 주로 사용하는 기법으로 특정 정보를 찾을 때 유용하다.
눈으로 빠르게 자료를 훑어보며 찾는 것으로 주로 사전의 단어나 전화번호부의 이름, 상호 또는 교과서의 특정 내용을 찾을 때 이용한다.
스캐닝은 짧은 시간에 에너지를 최소화하여 빠르게 서류를 검토할 때에도 유용하다.
글의 줄거리를 먼저 파악하려면 원하는 내용이 어느 부분에 도달하면 있을 것인가를 미리 감지(感知)하여 빠르게 글을 훑어보며 인지(認知)하면 된다.
글의 문장에서 서두만 읽고도 중요한 내용인지 아닌지 먼저 파악하여 덜 중요한 내용은 제비가 물 위를 스쳐 지나가듯 빠르게 안구를 이동하여 특정 내용만을 발췌한다.
책의 난이도에 따라 정독과 속독의 방법 중 어느 방법으로 읽을 것인지 결정하여야 한다.
재빨리 징검다리를 뛰어 건너듯이 '뛰어 읽기'를 할 것인지, 아니면 하나도 빠뜨리지 아니하고 샅샅이 뒤져 조사하듯 '훑어 읽기'를 할 것인지를 미리 정하여 속독의 기법을 펼쳐야 한다.
속독법은 글을 빨리 읽어 내용을 완벽하게 기억해 낼 수 있는 능력을 갖추게 한다.
속독훈련으로 글을 읽다 보면 집중력이 향상된다는 것을 느끼는데 이 또한 속독법의 매력이다.
어떤 때는 글을 읽을 때 글자들이 눈으로 빨려 들어오는 역현상이 발생하기도 한다.
속독은 마라톤선수가 코스를 완주(完走)하듯 짧은 시간에 다양한 책을 완독(完讀)할 수 있게 하여 책 읽기에 자신감이 생기게 한다.

자세는 속독 훈련의 기본이다!

1. 책은 독서대 위에 올려놓거나 책상 위에 바르게 놓는다.
2. 책과 눈의 거리는 약 25cm~30cm 정도 거리를 유지한다.
3. 허리를 곧게 세워 의자 등받이에 붙인다.
4. 다리는 어깨너비로 벌린 상태에서 의자에 바르게 앉는다.
5. 턱은 자연스럽게 목 안쪽으로 당긴 상태에서 훈련한다.
6. 어깨와 목에 힘을 뺀 상태에서 훈련한다.
7. 안구 훈련할 때 눈에 힘을 넣은 상태에서 안구만을 이동시킨다.
8. 고개를 움직이지 않고 머리는 고정하고 훈련한다.
9. 책장을 넘길 때에는 홀수 페이지 오른쪽 위를 검지로 들어서 넘긴다.
10. 책을 읽을 때에는 집중하여 글의 내용에 몰입하여 읽어간다.

속독의 기법을 다시 정리해 보자!

1. 스킴(skim, 훑어보기) : 내용의 개요를 알고 싶을 때, 대충 발췌하여 읽는다.
2. 스키밍(skimming, 미끄러지듯 읽기) : 빠른 독서력 향상을 위해 제비가 물 위를 나르듯 매우 빠르게 읽는다.
3. 스킵(skip, 건너뛰어 읽기) : 책의 중심 내용을 찾아 읽는다.
4. 스캐닝(scanning, 주사 走査) : 빨리 달리며 읽으며 글의 내용을 조사하여 빠른 시간 내에 필요한 부분만 골라 읽는다.
5. 스키마(schema) : 글의 내용을 함축하고 도해, 도식하여 개략을 파악하고 나서 다시 한 번 읽으면 이해가 빨리 된다. 신문, 잡지 등을 읽을 때 매우 효과적이다.

집중력, 속독을 위한 산소 호흡법!

1. 다리를 가지런히 모으고 의자에 앉은 상태에서 허리는 꼿꼿이 세우고 앞을 보고 바르게 앉는다.

2. 눈을 살며시 감고 숨을 들이마신 상태에서 천천히 숨을 내쉬며 복부가 자연스럽게 복부가 서서히 들어가게 한다.

3. (2)에서처럼 복부가 들어간 상태에서 더욱 복부가 들어갈 수 있게 숨을 더 깊게 내쉰다.

4. (3)처럼 숨을 모두 내쉰 후 복부의 힘을 순간적으로 뺀다.

5. 다시 복부가 서서히 부풀 때까지 숨을 천천히 들이마신다.

6. (5)의 상태에서 가슴을 앞으로 내미는 느낌으로 넓게 펴가며 숨을 천천히 계속 들여마신다.

7. 가슴을 활짝 편 상태에서 서서히 양쪽 어깨를 올려가며 숨을 조금 더 들여마신다.

8. 숨을 끝까지 다 들여마시고 자연스럽게 2~3초 정도 숨을 멈춘다.

9. 이때 복부에 힘을 주어 오므리면서 조금씩 숨을 내쉰다.

10. 가슴을 서서히 원래 상태로 돌려놓으면서 숨은 천천히 계속 내쉬고 이어서 양쪽 어깨도 원래 상태로 내려놓는다.

✴ 배, 가슴, 어깨 모두가 원래의 상태로 돌아오면 시간적 여유에 따라 다시 (2)로 돌아가서 (10)까지 5회 정도 반복한다.

✴ 산소호흡법을 1회 정도 훈련한다.

유연성을 위한 전신 이완 체조!

* 책상에 오랫동안 앉아서 공부하거나 책을 볼 경우 굳어 있는 신체를 유연하게 풀어주는 정신집중을 위한 체조이다.

1. 양발을 꼭 붙이고 똑바로 선 상태에서 두 손은 합장하듯 가슴 앞에 모으면서 조용히 숨을 가다듬는다.

2. 양손의 손바닥이 아래로 향하여 뻗게 한 다음, 숨을 천천히 들이쉬며 손을 위로 올리면서 몸의 상체를 뒤로 젖힌다.

3. 상체를 원래 상태로 내리면서 천천히 숨을 내쉬며 양손을 각각 양발 옆 바닥에 닿게 하며 머리는 다리 가까이 숙여 붙인다.

4. 오른쪽 다리를 뒤로 쭉 뻗어서 무릎과 발등을 바닥에 닿게 한 후 숨을 깊게 들이 마시면서 상체와 목을 뒤로 젖힌다.

5. 양손을 바닥에 대고 오른발 끝을 세우고 왼쪽 다리를 들어서 오른쪽 다리에 붙인 후 숨을 천천히 내 쉬면서 허리를 들어 올려 등줄기를 쭉 펴준다.

6. 양 무릎을 바닥에 대고 팔꿈치를 구부리고 가슴과 턱은 바닥에 붙이고 나서 호흡과 동작을 멈춘다.

7. 상체를 들어 앞으로 뻗으며 양쪽 발끝을 눕혀 발등이 바닥에 닿게 한 뒤 천천히 숨을 들이마시며 바닥에 지탱했던 팔을 들어 올린다. 몸을 위로 쭉 뻗으면서 뒤로 젖힌다.

8. 양쪽 다리를 곧게 세우고 허리는 들어 올린 후 숨은 천천히 내뱉으며 등줄기를 쭉 펴준다. 단 발꿈치는 바닥에 붙어 있어야 한다.

9. 오른쪽 다리를 앞으로 내고 나서 숨을 들이쉬며 허리는 앞으로 내밀면서 상체를 뒤로 젖히고 목은 쭉 뻗어 뒤를 보도록 한다.

10. 양손을 발 앞의 옆 양쪽 바닥에 대고 왼발 오른발을 모으고 나서 무릎을 뻗는다.
    숨은 천천히 내쉬면서 상체를 숙여 얼굴을 양다리 가까이 댄다.

11. 다시 숨을 천천히 들여마시며 상체를 세우고, 양팔을 뻗어서 앞에서부터 위로 올리면서 상체를 뒤로 젖힌다.

12. 조용히 숨을 내쉬면서 처음의(1) '합장자세'로 돌아온다.

* 호흡을 서서히 가다듬으며 이번엔 앞으로 내는 다리와 뒤로 빼는 다리를 서로 바꾸어 1~12의 방법으로 반복한다.
* 1~12의 방법으로 2회 정도 반복한다.

한자성어에서 독서의 중요성을 배워라!

♣ **독서백편의자현**(讀書百遍義自見) 뜻이 어려운 글도 자꾸 되풀이하여 읽으면 저절로 뜻을 알게 된다.

♣ **일일부독서 구중생형극**(一日不讀書 口中生荊棘) 하루라도 글을 읽지 않으면, 입안에서 가시가 돋아난다. 독서로 수양하라.

♣ **표맥**(漂麥) 글을 읽는 데만 모든 정신을 집중하여 다른 일을 잊어버릴 정도로 뜻을 이루기 위해서는 공부에 몰두해야 한다.

♣ **안광투지**(眼光透紙) 눈빛이 종이를 뚫는다.

♣ **승우독한서**(乘牛讀漢書) 소를 타고 길을 가며 책을 읽는다.

♣ **독서삼도**(讀書三到) 책을 읽는 세 가지 방법
  1. **구도**(口到) 입으로 다른 말을 아니 하고 책을 읽는다.
  2. **안도**(眼到) 눈으로 다른 것을 보지 않고 책만 잘 본다.
  3. **심도**(心到) 마음속에 깊이 새긴다.

♣ **독서상우**(讀書尙友) 책을 읽음으로써 옛날의 현인들과 벗이 될 수 있다.

♣ **권독종일**(卷讀終日) 온종일 책을 읽는다.

♣ **개권유익**(開卷有益) 책을 펴서 읽으면 반드시 이로움이 있다.

♣ **서중자유천종속**(書中自有千鐘粟) 학문을 많이 연구하면 큰 재물이 생긴다. 독서의 실용성을 강조한 말.

♣ **남아수독오거서**(男兒須讀五車書) 다섯 수레 분량의 책을 읽어야 한다.

♣ **한우충동**(汗牛充棟) 짐으로 수레에 실으면 소가 땀을 흘리고, 쌓으면 대들보에 닿을 정도로 책이 많다.

♣ **삼여지공**(三餘之功) 책을 읽기에 가장 좋은 날은 겨울, 밤, 비 오는 날이다.

♣ **박이정**(博而精) 여러 방면으로 널리 알 뿐만 아니라 깊게도 안다. 나무도 보고 숲도 본다. 가장 바람직한 독서 방법이다.

한자성어에서 독서의 중요성을 배워라!

- ♣ 고궁독서(固窮讀書) 어려운 처지에도 책을 읽는다.
- ♣ 낙양지가(洛陽紙價) 훌륭한 글을 베끼느라고 종이의 값이 올랐다는 말.
- ♣ 만권독파(萬卷讀破) 만 권이나 되는 책을 다 읽었다.
- ♣ 물라독서(勿懶讀書) 독서를 게을리 하지 마라.
- ♣ 불간지서(不刊之書) 길이길이 전해질 불후의 양서.
- ♣ 수불석권(手不釋卷) 손에서 책을 놓지 아니하고 늘 글을 읽는다.
- ♣ 어언무미(語言無味) 독서를 하지 아니하는 사람이 하는 말은 흥미가 없다.
- ♣ 영설독서(映雪讀書) 눈빛에 비쳐 책을 읽는다. 가난을 이기고 학문에 임한다.
- ♣ 우각괘서(牛角掛書) 쇠뿔 사이에 책을 놓는다. 소를 타고 책을 읽는다.
- ♣ 위편삼절(韋編三絕) 공자가 주역을 즐겨 읽어 책의 가죽끈이 세 번이나 끊어졌다. 책을 열심히 읽었다.
- ♣ 월광독서(月光讀書) 달빛으로 책을 읽는다. 집이 가난하여 고학하다.
- ♣ 을야지람(乙夜之覽) 임금이 낮에 정사를 보고 자기 전인 밤 10시~12시까지 책을 읽는다.
- ♣ 청경우독(晴耕雨讀) 갠 날에는 논밭을 갈고 비 오는 날에는 책을 읽는다.

집중력이 좋아진다! 보색잔상 수련도 [1]

* 머리를 고정하고 아래에 있는 그림을 약 30초 동안 집중하여 본다.
* 눈은 그림을 주시하다 우측의 수련판 위로 이동하여 공백을 본다.
* 그림의 색이 변화된 것을 사라질 때까지 응시한다.

집중력이 좋아진다! 보색잔상 수련도 [1]

* 보색잔상이란 어떤 색을 뚫어지라 집중하여 보다가 갑자기 다른 곳으로 옮겼을 때 먼저 보던 색의 반대색이 잔상으로 나타나는 현상이다.

수 련 판

집중력이 좋아진다! 보색잔상 수련도 [2]

* 머리를 고정하고 아래에 있는 그림을 약 30초 동안 집중하여 본다.
* 눈은 그림을 주시하다 우측의 수련판 위로 이동하여 공백을 본다.
* 그림의 색이 변화된 것을 사라질 때까지 응시한다.

집중력이 좋아진다! 보색잔상 수련도 [2]

* 보색잔상이란 어떤 색을 뚫어지라 집중하여 보다가 갑자기 다른 곳으로 옮겼을 때 먼저 보던 색의 반대색이 잔상으로 나타나는 현상이다.

수 련 판

속독을 위한 기본 안구운동 [1호]

* 훈련 시 머리는 고정하고 안구를 움직여 빠르게 아래로 이동한다.
* 시점을 제본선에 두고 좌·우에 있는 네모기호를 빠르게 10회 반복 훈련한다.

← 시

1 ←─────────────

2 ←─────────────

3 ←─────────────

4 ←─────────────

5 ←─────────────

속독을 위한 기본 안구운동

속독을 위한 기본 안구운동 [1호]

* 훈련 시 머리는 고정하고 안구를 움직여 빠르게 아래로 이동한다.
* 시점을 제본선에 두고 좌·우에 있는 네모기호를 빠르게 10회 반복 훈련한다.

점 →

1

2

3

4

5

속독을 위한 기본 안구운동

기본 안구운동 [1]호 훈련 기록표

실력 향상을 위하여 매회 소요시간을 기록한다.

1차	초	11차	초	21차	초
2차	초	12차	초	22차	초
3차	초	13차	초	23차	초
4차	초	14차	초	24차	초
5차	초	15차	초	25차	초
6차	초	16차	초	26차	초
7차	초	17차	초	27차	초
8차	초	18차	초	28차	초
9차	초	19차	초	29차	초
10차	초	20차	초	30차	초

 안구운동 [2]호 훈련 기록표

실력 향상을 위하여 매회 소요시간을 기록한다.

1차	초	11차	초	21차	초
2차	초	12차	초	22차	초
3차	초	13차	초	23차	초
4차	초	14차	초	24차	초
5차	초	15차	초	25차	초
6차	초	16차	초	26차	초
7차	초	17차	초	27차	초
8차	초	18차	초	28차	초
9차	초	19차	초	29차	초
10차	초	20차	초	30차	초

속독을 위한 기본 안구운동 [2호]

* 훈련 시 머리는 고정하고 안구만 움직여 빠르게 아래로 이동한다.
* 시점을 중심에 두고 좌·우에 있는 네모기호를 빠르게 10회 반복 훈련한다.

← 시·점 →

1	←------→	1
2	←------→	2
3	←------→	3
4	←------→	4
5	←------→	5

속독을 위한 기본 안구운동 [2호]

* 훈련 시 머리는 고정하고 안구만 움직여 빠르게 아래로 이동한다.
* 시점을 중심에 두고 좌·우에 있는 네모기호를 빠르게 10회 반복 훈련한다.

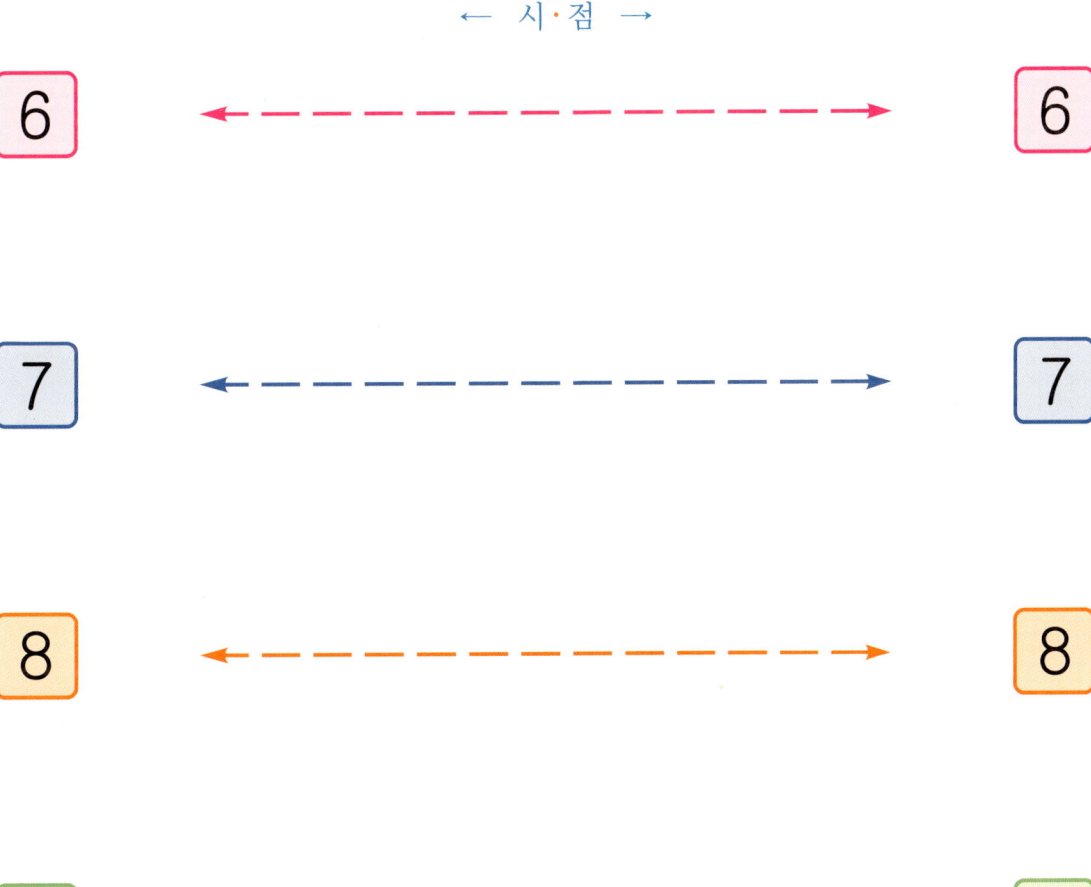

실전 속독의 안구 흐름, 이동 훈련 [1]

* 훈련 시 머리는 고정하고 점선을 따라서 빠르게 아래로 이동한다.
* 시점을 중심에 두고 좌·우 두 쪽을 빠르게 3회 반복 훈련한다.

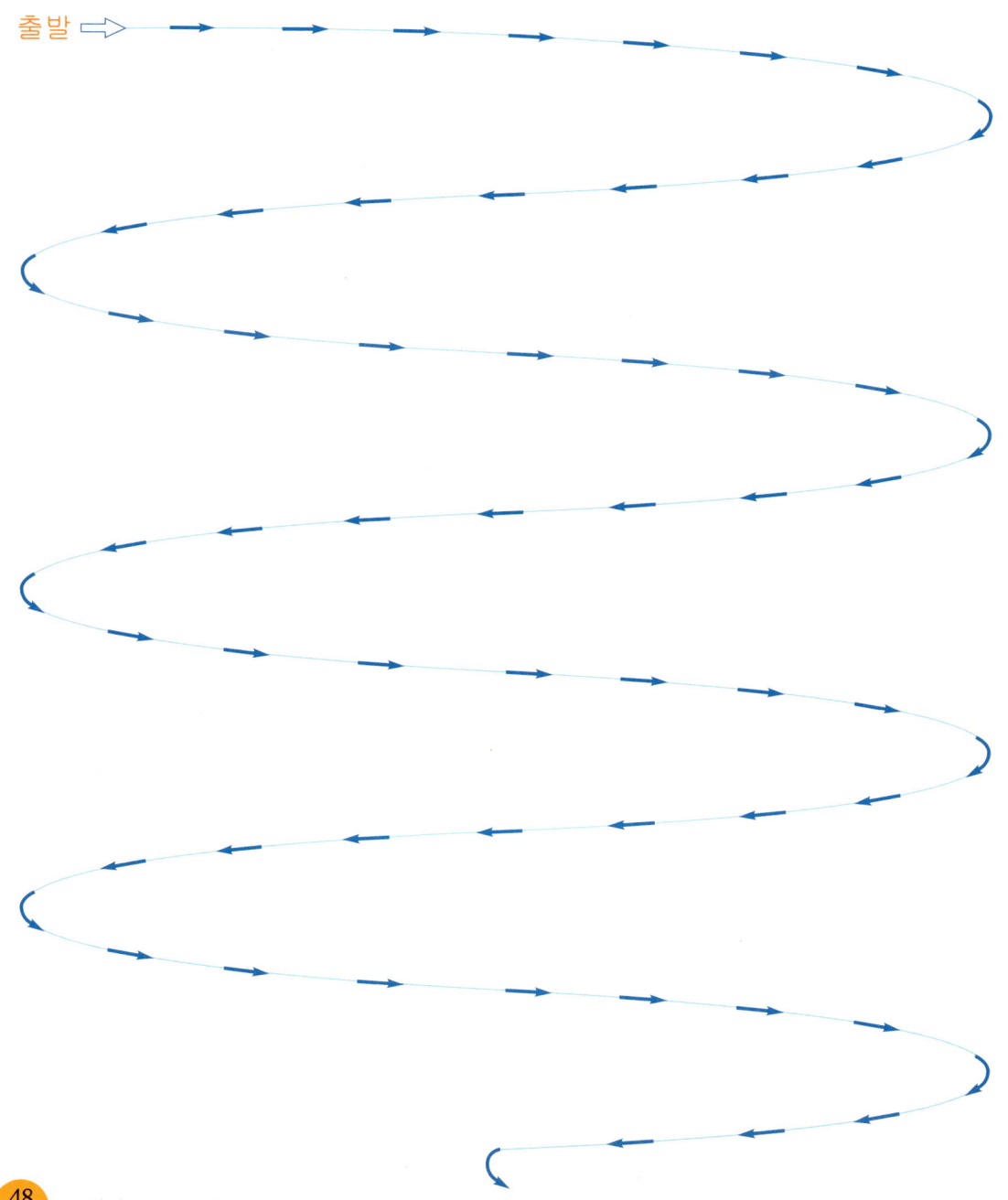

실전 속독의 안구 흐름, 이동 훈련 [2]

* 훈련 시 머리는 고정하고 점선을 따라서 빠르게 아래로 이동한다.
* 시점을 중심에 두고 좌·우 두 쪽을 빠르게 3회 반복 훈련한다.

시·점

연결

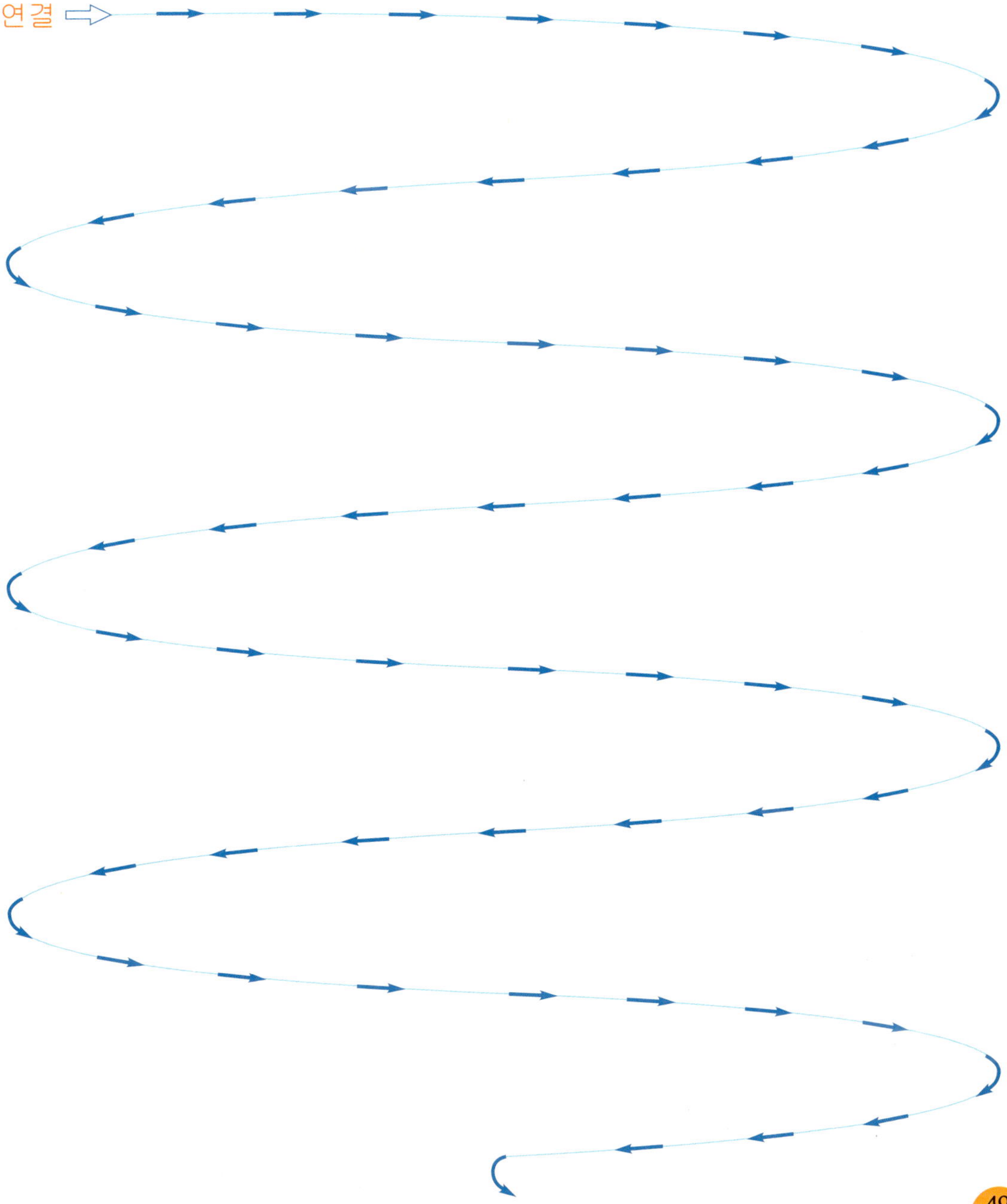

 안구 흐름 이동 운동 **훈련 기록표**

실력 향상을 위하여 매회 소요시간을 기록한다.

1차 　　　초	11차 　　　초	21차 　　　초
2차 　　　초	12차 　　　초	22차 　　　초
3차 　　　초	13차 　　　초	23차 　　　초
4차 　　　초	14차 　　　초	24차 　　　초
5차 　　　초	15차 　　　초	25차 　　　초
6차 　　　초	16차 　　　초	26차 　　　초
7차 　　　초	17차 　　　초	27차 　　　초
8차 　　　초	18차 　　　초	28차 　　　초
9차 　　　초	19차 　　　초	29차 　　　초
10차 　　　초	20차 　　　초	30차 　　　초

훈련 기록표

그림 인지 능력 훈련표

✽ 아래 그림이나 기호가 글의 중심 낱말이라 생각하고 빠르게 인지한다.
✽ 보기에서 그림이나 기호를 하나 정한 후 같은 것을 인지한다.
✽ 그림이나 기호의 개수를 세어가며 5초 안에 인지한다.

[보기에서 그림이나 번호를 선정하세요.]

그림 인지능력 훈련 기록표

✻ 기록 단축을 위하여 매회 소요시간을 기록한다.

탈	1차: 초	2차: 초	3차: 초	4차: 초	5차: 초
시계	1차: 초	2차: 초	3차: 초	4차: 초	5차: 초
우산	1차: 초	2차: 초	3차: 초	4차: 초	5차: 초
커피잔	1차: 초	2차: 초	3차: 초	4차: 초	5차: 초
책	1차: 초	2차: 초	3차: 초	4차: 초	5차: 초
돼지	1차: 초	2차: 초	3차: 초	4차: 초	5차: 초
복숭아	1차: 초	2차: 초	3차: 초	4차: 초	5차: 초
병아리	1차: 초	2차: 초	3차: 초	4차: 초	5차: 초

집중력 두뇌훈련 두 글자 인지 훈련표 [1]

① 각 단어를 10초 내에 찾고 소요시간을 기록한다.
② 두 글자 찾기 훈련이 끝나면 세 글자 찾기 훈련으로 한다.
③ 글자 수가 늘어나도 10초를 초과할 수 없다.
④ 예를 들어 학교를 찾을 때 '학'보다 '교'를 먼저 인지하여도 된다.
⑤ 매일 5단어씩 훈련하여 단어를 바꾸어 준다.

훈련낱말

화초 시간 안경 가방 오이 독서 연필 전화 학교 미술 음악 체육
과학 수학 축구 수박 도덕 사회 영어 국사 사전 한자 속도 기억

집중력 두뇌훈련 세 글자 인지 훈련표 [2]

① 각 단어를 15초 내에 찾고 소요시간을 기록한다.
② 두 글자 찾기 훈련이 끝나면 세 글자 찾기 훈련으로 한다.
③ 글자 수가 늘어나도 15초를 초과할 수 없다.
④ 예를 들어 파랑새를 찾을 때 '랑'보다 '새'를 먼저 인지하여도 된다.
⑤ 매일 5단어씩 훈련하여 단어를 바꾸어 준다.

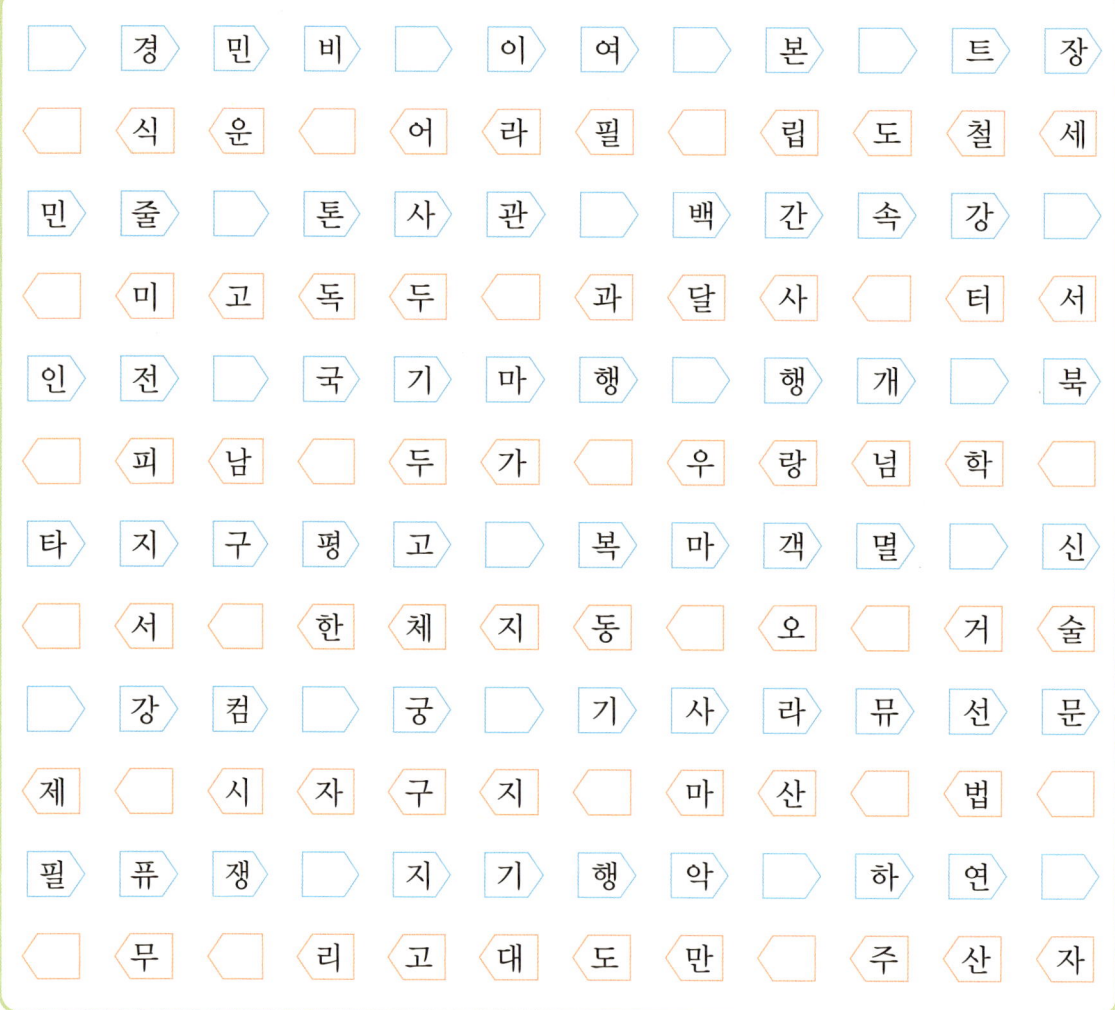

훈련낱말

운동장 자전거 백두산 한라산 지구본 두만강 컴퓨터 줄넘기 마라톤 비행기
달리기 속독법 지우개 고무신 여객선 지하철 경복궁 남대문 도서관 제주도

삼각구도 글자인지 시야 확대 훈련

*한 글자 보는 속도로 열 글자까지 한 눈에 한 행을 보는 순간 인지하기

- 시 · 점 -

1	상
2	총 리
3	청 와 대
4	서 울 시 청
5	국 회 의 사 당
6	명 문 대 졸 업 생
7	푸 른 하 늘 은 하 수
8	우 리 모 두 산 림 보 호
9	집 중 력 으 로 기 억 하 기
10	대 한 민 국 세 계 제 일 국 가
9	승 리 는 모 두 우 리 의 것
8	팔 도 강 산 구 경 하 세
7	사 랑 하 는 부 모 님
6	독 도 는 우 리 땅
5	잘 살 아 보 세
4	국 회 의 원
3	백 악 관
2	성 공
1	하

훈련방법 : 상에서 하까지 내려오면 다시 하에서 상까지 올라가 3회 반복 실행한다.
* 기록이 단축될 수 있도록 빠르게 이동하여 매회 소요시간을 측정하여 기록하자.

1차 기록	2차 기록	3차 기록	4차 기록	5차 기록
초	초	초	초	초

시력 향상과 눈 건강을 지키는 훈련법

독서를 할 때에는 책과 눈의 거리는 25cm~30cm 정도 거리를 유지하며 글을 읽는 것이 가장 이상적 독서방법이다.

시력을 향상시키기 위해서는 규칙적으로 눈 체조를 해야 한다.

눈 체조는 경직된 안구의 근육을 풀어주는 동시에 안구를 단련시켜 탄력 있게 만들어 현재의 시력을 좋게 만드는 데 도움을 준다.

안과 의사는 눈 건강을 위하여 안구운동을 권장하고 있다.

안구운동은 다음처럼 한다.

평상시보다 눈을 조금 크게 뜨면 안구의 힘이 들어가게 된다.

그 상태에서 상·하, 좌·우 또는 원을 그리는 훈련을 해야 한다.

이와 같이 하면 눈 건강에 좋으며 시력 향상과 안력을 키우는 데 많은 도움이 된다.

육상 선수가 경기하기 전에 다리의 근육을 풀어주듯이 속독도 훈련하기 전에 가벼운 안구운동으로 스트레칭하여 눈 주의의 근육을 풀어주어야 한다.

훈련시 눈이 피로할 때에는 그때그때 쉬어주고 눈을 감은 상태에서 눈 주의의 혈 자리를 찾아 살며시 손가락으로 지압을 해 준다.

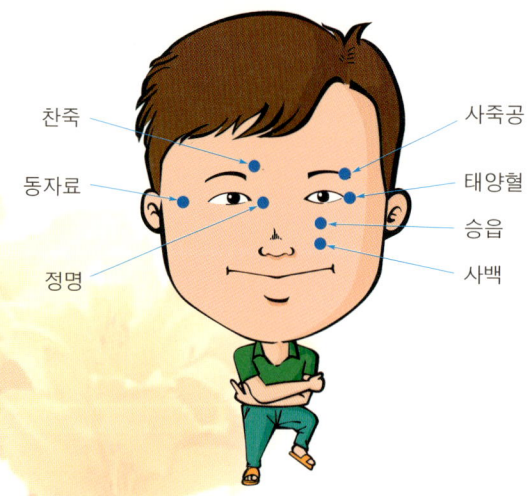

엄지나 중지(中指), 약지(藥指) 중 양손을 사용하여 그림의 혈 자리를 가볍개 누르고 마음속으로 천천히 5초를 세며 각 3회씩 실시한다.

시력 향상을 위한 눈 체조 [1]

* 시점을 중심에 두고 화살표(→) 방향으로 좌로 2회, 우로 2회씩 총 5회를 빠르게 반복 이동한다.

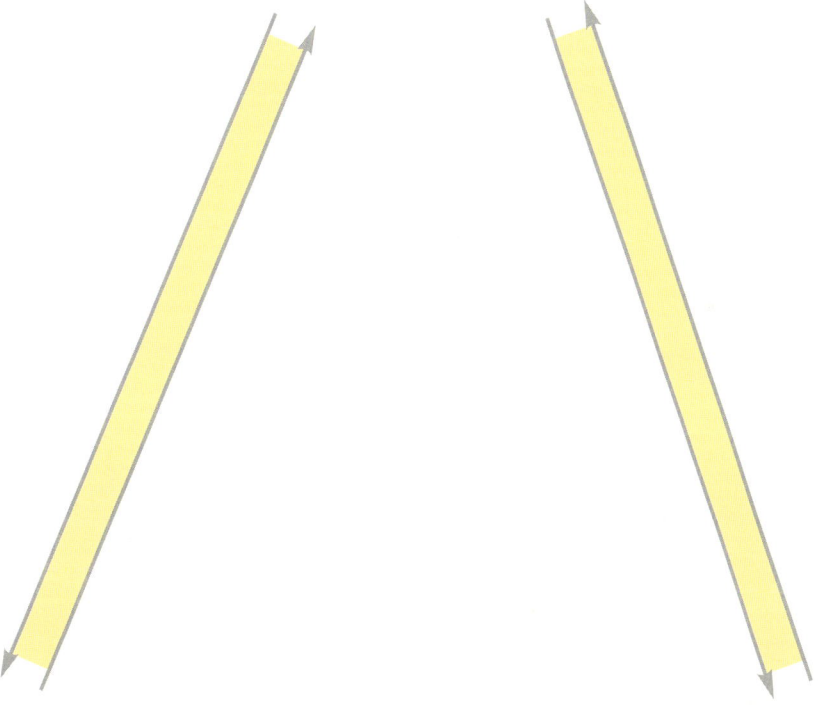

 **눈 체조 [1]** 훈련 기록표

시력향상을 위하여 매회 소요시간을 기록한다.

1차 초	11차 초	21차 초
2차 초	12차 초	22차 초
3차 초	13차 초	23차 초
4차 초	14차 초	24차 초
5차 초	15차 초	25차 초
6차 초	16차 초	26차 초
7차 초	17차 초	27차 초
8차 초	18차 초	28차 초
9차 초	19차 초	29차 초
10차 초	20차 초	30차 초

한 글자 인지훈련 스피드 측정 1

*좌·우측에 있는 글자를 먼저 인지하고 그 줄의 같은 글자를 빠르게 인지해 보자.

동 ⇨ 눈 콩 소 산 용 말 귤 곰 닭 개 빵 코 봄 동 밤 낫 컵 차

빵 코 닭 서 배 눈 귤 말 곰 차 봄 입 콩 소 산 용 낫 컵 ⇦ 서

남 ⇨ 말 밤 봄 컵 귤 소 콩 낫 빵 곰 남 용 눈 산 개 차 코 입

닭 개 눈 소 차 빵 북 귤 컵 코 봄 콩 배 말 입 곰 산 용 ⇦ 북

금 ⇨ 눈 소 용 코 말 귤 빵 낫 닭 입 개 곰 봄 콩 밤 컵 금 산

용 차 수 눈 말 곰 빵 낫 코 봄 입 닭 배 산 귤 개 콩 컵 ⇦ 수

강 ⇨ 개 밤 눈 소 곰 귤 닭 강 컵 차 말 봄 빵 산 코 용 입 콩

곰 말 소 콩 산 닭 눈 빵 입 배 산 개 용 낫 봄 컵 차 코 ⇦ 산

팔 ⇨ 귤 곰 닭 밤 눈 용 소 낫 입 컵 말 차 코 봄 개 산 콩 팔

개 눈 도 빵 용 배 말 귤 산 콩 닭 낫 컵 차 코 봄 입 곰 ⇦ 도

유 ⇨ 소 산 말 닭 눈 용 코 낫 컵 차 빵 개 유 밤 곰 귤 봄 입

낫 람 개 귤 곰 닭 눈 입 차 코 말 봄 소 컵 산 용 콩 배 ⇦ 람

구 ⇨ 눈 산 귤 닭 소 낫 곰 콩 봄 용 입 컵 개 빵 차 말 구 밤

말 곰 개 밤 산 귤 경 콩 소 봄 낫 컵 차 배 용 코 입 닭 ⇦ 경

 ## 한글자 인지훈련 기록표 [1]

[소요시간 : 30초 내 주파]

실력 향상을 위하여 매회 소요시간을 기록한다.

1차 초	11차 초	21차 초
2차 초	12차 초	22차 초
3차 초	13차 초	23차 초
4차 초	14차 초	24차 초
5차 초	15차 초	25차 초
6차 초	16차 초	26차 초
7차 초	17차 초	27차 초
8차 초	18차 초	28차 초
9차 초	19차 초	29차 초
10차 초	20차 초	30차 초

훈련 기록표

한 줄 스피드 속독 트레이닝 [1단계] ①

* 시점을 중심으로부터 훈련 기호 한 줄을 최대한 많이 본 상태에서 화살표를 따라 안구를 좌·우로 이동하여 글을 읽듯이 최대한 빠르게 아래로 내려간다.
* 종합훈련 시 ①호~⑩호까지 연속으로 이동하여 (1분 단위로 측정) 글자 수를 기록한다.

← 시·점 →

행	글자 수
가 → 가 → 가 → 가 → 가 → 가 → 가 → 가 → 가 → 가 → 가 → 가	12자
가 ← 가 ← 가 ← 가 ← 가 ← 가 ← 가 ← 가 ← 가 ← 가 ← 가 ← 가	22자
가 → 가 → 가 → 가 → 가 → 가 → 가 → 가 → 가 → 가 → 가 → 가	36자
가 ← 가 ← 가 ← 가 ← 가 ← 가 ← 가 ← 가 ← 가 ← 가 ← 가 ← 가	48자
가 → 가 → 가 → 가 → 가 → 가 → 가 → 가 → 가 → 가 → 가 → 가	60자
가 ← 가 ← 가 ← 가 ← 가 ← 가 ← 가 ← 가 ← 가 ← 가 ← 가 ← 가	72자
가 → 가 → 가 → 가 → 가 → 가 → 가 → 가 → 가 → 가 → 가 → 가	84자
가 ← 가 ← 가 ← 가 ← 가 ← 가 ← 가 ← 가 ← 가 ← 가 ← 가 ← 가	96자
가 → 가 → 가 → 가 → 가 → 가 → 가 → 가 → 가 → 가 → 가 → 가	108자
가 ← 가 ← 가 ← 가 ← 가 ← 가 ← 가 ← 가 ← 가 ← 가 ← 가 ← 가	120자
가 → 가 → 가 → 가 → 가 → 가 → 가 → 가 → 가 → 가 → 가 → 가	132자
가 ← 가 ← 가 ← 가 ← 가 ← 가 ← 가 ← 가 ← 가 ← 가 ← 가 ← 가	144자
가 → 가 → 가 → 가 → 가 → 가 → 가 → 가 → 가 → 가 → 가 → 가	156자
가 ← 가 ← 가 ← 가 ← 가 ← 가 ← 가 ← 가 ← 가 ← 가 ← 가 ← 가	168자
가 → 가 → 가 → 가 → 가 → 가 → 가 → 가 → 가 → 가 → 가 → 가	180자

한 줄 스피드 속독 트레이닝 1단계

한 줄 스피드 속독 트레이닝 [1단계] ❷

* 시점을 중심으로부터 훈련 기호 한 줄을 최대한 많이 본 상태에서 화살표를 따라 안구를 좌·우로 이동하여 글을 읽듯이 최대한 빠르게 아래로 내려간다.
* 종합훈련 시 ①호~⑩호까지 연속으로 이동하여 (1분 단위로 측정) 글자 수를 기록한다.

← 시·점 →

나 → 나 → 나 → 나 → 나 → 나 → 나 → 나 → 나 → 나 → 나 → 나   192자
나 ← 나 ← 나 ← 나 ← 나 ← 나 ← 나 ← 나 ← 나 ← 나 ← 나 ← 나   204자
나 → 나 → 나 → 나 → 나 → 나 → 나 → 나 → 나 → 나 → 나 → 나   216자
나 ← 나 ← 나 ← 나 ← 나 ← 나 ← 나 ← 나 ← 나 ← 나 ← 나 ← 나   228자
나 → 나 → 나 → 나 → 나 → 나 → 나 → 나 → 나 → 나 → 나 → 나   240자
나 ← 나 ← 나 ← 나 ← 나 ← 나 ← 나 ← 나 ← 나 ← 나 ← 나 ← 나   252자
나 → 나 → 나 → 나 → 나 → 나 → 나 → 나 → 나 → 나 → 나 → 나   264자
나 ← 나 ← 나 ← 나 ← 나 ← 나 ← 나 ← 나 ← 나 ← 나 ← 나 ← 나   276자
나 → 나 → 나 → 나 → 나 → 나 → 나 → 나 → 나 → 나 → 나 → 나   288자
나 ← 나 ← 나 ← 나 ← 나 ← 나 ← 나 ← 나 ← 나 ← 나 ← 나 ← 나   300자
나 → 나 → 나 → 나 → 나 → 나 → 나 → 나 → 나 → 나 → 나 → 나   312자
나 ← 나 ← 나 ← 나 ← 나 ← 나 ← 나 ← 나 ← 나 ← 나 ← 나 ← 나   324자
나 → 나 → 나 → 나 → 나 → 나 → 나 → 나 → 나 → 나 → 나 → 나   336자
나 ← 나 ← 나 ← 나 ← 나 ← 나 ← 나 ← 나 ← 나 ← 나 ← 나 ← 나   348자
나 → 나 → 나 → 나 → 나 → 나 → 나 → 나 → 나 → 나 → 나 → 나   360자

한 줄 스피드 속독 트레이닝 [1단계] ❸

* 시점을 중심으로부터 훈련 기호 한 줄을 최대한 많이 본 상태에서 화살표를 따라 안구를 좌·우로 이동하여 글을 읽듯이 최대한 빠르게 아래로 내려간다.
* 종합훈련 시 ①호~⑩호까지 연속으로 이동하여 (1분 단위로 측정) 글자 수를 기록한다.

← 시·점 →

다 → 다 → 다 → 다 → 다 → 다 → 다 → 다 → 다 → 다 → 다 → 다 372자
다 ← 다 ← 다 ← 다 ← 다 ← 다 ← 다 ← 다 ← 다 ← 다 ← 다 ← 다 384자
다 → 다 → 다 → 다 → 다 → 다 → 다 → 다 → 다 → 다 → 다 → 다 396자
다 ← 다 ← 다 ← 다 ← 다 ← 다 ← 다 ← 다 ← 다 ← 다 ← 다 ← 다 408자
다 → 다 → 다 → 다 → 다 → 다 → 다 → 다 → 다 → 다 → 다 → 다 420자
다 ← 다 ← 다 ← 다 ← 다 ← 다 ← 다 ← 다 ← 다 ← 다 ← 다 ← 다 432자
다 → 다 → 다 → 다 → 다 → 다 → 다 → 다 → 다 → 다 → 다 → 다 444자
다 ← 다 ← 다 ← 다 ← 다 ← 다 ← 다 ← 다 ← 다 ← 다 ← 다 ← 다 456자
다 → 다 → 다 → 다 → 다 → 다 → 다 → 다 → 다 → 다 → 다 → 다 468자
다 ← 다 ← 다 ← 다 ← 다 ← 다 ← 다 ← 다 ← 다 ← 다 ← 다 ← 다 480자
다 → 다 → 다 → 다 → 다 → 다 → 다 → 다 → 다 → 다 → 다 → 다 492자
다 ← 다 ← 다 ← 다 ← 다 ← 다 ← 다 ← 다 ← 다 ← 다 ← 다 ← 다 504자
다 → 다 → 다 → 다 → 다 → 다 → 다 → 다 → 다 → 다 → 다 → 다 516자
다 ← 다 ← 다 ← 다 ← 다 ← 다 ← 다 ← 다 ← 다 ← 다 ← 다 ← 다 528자
다 → 다 → 다 → 다 → 다 → 다 → 다 → 다 → 다 → 다 → 다 → 다 540자

한 줄 스피드 속독 트레이닝 1단계

한 줄 스피드 속독 트레이닝 [1단계] ④

* 시점을 중심으로부터 훈련 기호 한 줄을 최대한 많이 본 상태에서 화살표를 따라 안구를 좌·우로 이동하여 글을 읽듯이 최대한 빠르게 아래로 내려간다.
* 종합훈련 시 ①호~⑩호까지 연속으로 이동하여 (1분 단위로 측정) 글자 수를 기록한다.

← 시·점 →

라→라→라→라→라→라→라→라→라→라→라→라	552자
라←라←라←라←라←라←라←라←라←라←라←라	564자
라→라→라→라→라→라→라→라→라→라→라→라	576자
라←라←라←라←라←라←라←라←라←라←라←라	588자
라→라→라→라→라→라→라→라→라→라→라→라	600자
라←라←라←라←라←라←라←라←라←라←라←라	612자
라→라→라→라→라→라→라→라→라→라→라→라	624자
라←라←라←라←라←라←라←라←라←라←라←라	636자
라→라→라→라→라→라→라→라→라→라→라→라	648자
라←라←라←라←라←라←라←라←라←라←라←라	660자
라→라→라→라→라→라→라→라→라→라→라→라	672자
라←라←라←라←라←라←라←라←라←라←라←라	684자
라→라→라→라→라→라→라→라→라→라→라→라	696자
라←라←라←라←라←라←라←라←라←라←라←라	708자
라→라→라→라→라→라→라→라→라→라→라→라	720자

한 줄 스피드 속독 트레이닝 [1단계] ❺

* 시점을 중심으로부터 훈련 기호 한 줄을 최대한 많이 본 상태에서 화살표를 따라 안구를 좌·우로 이동하여 글을 읽듯이 최대한 빠르게 아래로 내려간다.
* 종합훈련 시 ①호~⑩호까지 연속으로 이동하여 (1분 단위로 측정) 글자 수를 기록한다.

← 시·점 →

마 → 마 → 마 → 마 → 마 → 마 → 마 → 마 → 마 → 마 → 마	732자
마 ← 마 ← 마 ← 마 ← 마 ← 마 ← 마 ← 마 ← 마 ← 마 ← 마	744자
마 → 마 → 마 → 마 → 마 → 마 → 마 → 마 → 마 → 마 → 마	756자
마 ← 마 ← 마 ← 마 ← 마 ← 마 ← 마 ← 마 ← 마 ← 마 ← 마	768자
마 → 마 → 마 → 마 → 마 → 마 → 마 → 마 → 마 → 마 → 마	780자
마 ← 마 ← 마 ← 마 ← 마 ← 마 ← 마 ← 마 ← 마 ← 마 ← 마	792자
마 → 마 → 마 → 마 → 마 → 마 → 마 → 마 → 마 → 마 → 마	804자
마 ← 마 ← 마 ← 마 ← 마 ← 마 ← 마 ← 마 ← 마 ← 마 ← 마	816자
마 → 마 → 마 → 마 → 마 → 마 → 마 → 마 → 마 → 마 → 마	828자
마 ← 마 ← 마 ← 마 ← 마 ← 마 ← 마 ← 마 ← 마 ← 마 ← 마	840자
마 → 마 → 마 → 마 → 마 → 마 → 마 → 마 → 마 → 마 → 마	852자
마 ← 마 ← 마 ← 마 ← 마 ← 마 ← 마 ← 마 ← 마 ← 마 ← 마	864자
마 → 마 → 마 → 마 → 마 → 마 → 마 → 마 → 마 → 마 → 마	876자
마 ← 마 ← 마 ← 마 ← 마 ← 마 ← 마 ← 마 ← 마 ← 마 ← 마	888자
마 → 마 → 마 → 마 → 마 → 마 → 마 → 마 → 마 → 마 → 마	900자

한 줄 스피드 속독 트레이닝 [1단계] ❻

* 시점을 중심으로부터 훈련 기호 한 줄을 최대한 많이 본 상태에서 화살표를 따라 안구를 좌·우로 이동하여 글을 읽듯이 최대한 빠르게 아래로 내려간다.
* 종합훈련 시 ①호~⑩호까지 연속으로 이동하여 (1분 단위로 측정) 글자 수를 기록한다.

← 시·점 →

줄	글자 수
바 → 바 → 바 → 바 → 바 → 바 → 바 → 바 → 바 → 바 → 바 → 바	912자
바 ← 바 ← 바 ← 바 ← 바 ← 바 ← 바 ← 바 ← 바 ← 바 ← 바 ← 바	924자
바 → 바 → 바 → 바 → 바 → 바 → 바 → 바 → 바 → 바 → 바 → 바	936자
바 ← 바 ← 바 ← 바 ← 바 ← 바 ← 바 ← 바 ← 바 ← 바 ← 바 ← 바	948자
바 → 바 → 바 → 바 → 바 → 바 → 바 → 바 → 바 → 바 → 바 → 바	960자
바 ← 바 ← 바 ← 바 ← 바 ← 바 ← 바 ← 바 ← 바 ← 바 ← 바 ← 바	972자
바 → 바 → 바 → 바 → 바 → 바 → 바 → 바 → 바 → 바 → 바 → 바	984자
바 ← 바 ← 바 ← 바 ← 바 ← 바 ← 바 ← 바 ← 바 ← 바 ← 바 ← 바	996자
바 → 바 → 바 → 바 → 바 → 바 → 바 → 바 → 바 → 바 → 바 → 바	1,008자
바 ← 바 ← 바 ← 바 ← 바 ← 바 ← 바 ← 바 ← 바 ← 바 ← 바 ← 바	1,020자
바 → 바 → 바 → 바 → 바 → 바 → 바 → 바 → 바 → 바 → 바 → 바	1,032자
바 ← 바 ← 바 ← 바 ← 바 ← 바 ← 바 ← 바 ← 바 ← 바 ← 바 ← 바	1,044자
바 → 바 → 바 → 바 → 바 → 바 → 바 → 바 → 바 → 바 → 바 → 바	1,056자
바 ← 바 ← 바 ← 바 ← 바 ← 바 ← 바 ← 바 ← 바 ← 바 ← 바 ← 바	1,068자
바 → 바 → 바 → 바 → 바 → 바 → 바 → 바 → 바 → 바 → 바 → 바	1,080자

한 줄 스피드 속독 트레이닝 [1단계] ❼

* 시점을 중심으로부터 훈련 기호 한 줄을 최대한 많이 본 상태에서 화살표를 따라 안구를 좌·우로 이동하여 글을 읽듯이 최대한 빠르게 아래로 내려간다.
* 종합훈련 시 ①호~⑩호까지 연속으로 이동하여 (1분 단위로 측정) 글자 수를 기록한다.

← 시·점 →

사 → 사 → 사 → 사 → 사 → 사 → 사 → 사 → 사 → 사 → 사 → 사	1,092자
사 ← 사 ← 사 ← 사 ← 사 ← 사 ← 사 ← 사 ← 사 ← 사 ← 사 ← 사	1,104자
사 → 사 → 사 → 사 → 사 → 사 → 사 → 사 → 사 → 사 → 사 → 사	1,116자
사 ← 사 ← 사 ← 사 ← 사 ← 사 ← 사 ← 사 ← 사 ← 사 ← 사 ← 사	1,128자
사 → 사 → 사 → 사 → 사 → 사 → 사 → 사 → 사 → 사 → 사 → 사	1,140자
사 ← 사 ← 사 ← 사 ← 사 ← 사 ← 사 ← 사 ← 사 ← 사 ← 사 ← 사	1,152자
사 → 사 → 사 → 사 → 사 → 사 → 사 → 사 → 사 → 사 → 사 → 사	1,164자
사 ← 사 ← 사 ← 사 ← 사 ← 사 ← 사 ← 사 ← 사 ← 사 ← 사 ← 사	1,176자
사 → 사 → 사 → 사 → 사 → 사 → 사 → 사 → 사 → 사 → 사 → 사	1,188자
사 ← 사 ← 사 ← 사 ← 사 ← 사 ← 사 ← 사 ← 사 ← 사 ← 사 ← 사	1,200자
사 → 사 → 사 → 사 → 사 → 사 → 사 → 사 → 사 → 사 → 사 → 사	1,212자
사 ← 사 ← 사 ← 사 ← 사 ← 사 ← 사 ← 사 ← 사 ← 사 ← 사 ← 사	1,224자
사 → 사 → 사 → 사 → 사 → 사 → 사 → 사 → 사 → 사 → 사 → 사	1,236자
사 ← 사 ← 사 ← 사 ← 사 ← 사 ← 사 ← 사 ← 사 ← 사 ← 사 ← 사	1,248자
사 → 사 → 사 → 사 → 사 → 사 → 사 → 사 → 사 → 사 → 사 → 사	1,260자

한 줄 스피드 속독 트레이닝 [1단계] ❽

* 시점을 중심으로부터 훈련 기호 한 줄을 최대한 많이 본 상태에서 화살표를 따라 안구를 좌·우로 이동하여 글을 읽듯이 최대한 빠르게 아래로 내려간다.
* 종합훈련 시 ①호~⑩호까지 연속으로 이동하여 (1분 단위로 측정) 글자 수를 기록한다.

← 시·점 →

줄	글자 수
아→아→아→아→아→아→아→아→아→아→아→아→아	1,272자
아←아←아←아←아←아←아←아←아←아←아←아←아	1,284자
아→아→아→아→아→아→아→아→아→아→아→아→아	1,296자
아←아←아←아←아←아←아←아←아←아←아←아←아	1,308자
아→아→아→아→아→아→아→아→아→아→아→아→아	1,320자
아←아←아←아←아←아←아←아←아←아←아←아←아	1,332자
아→아→아→아→아→아→아→아→아→아→아→아→아	1,344자
아←아←아←아←아←아←아←아←아←아←아←아←아	1,356자
아→아→아→아→아→아→아→아→아→아→아→아→아	1,368자
아←아←아←아←아←아←아←아←아←아←아←아←아	1,380자
아→아→아→아→아→아→아→아→아→아→아→아→아	1,392자
아←아←아←아←아←아←아←아←아←아←아←아←아	1,404자
아→아→아→아→아→아→아→아→아→아→아→아→아	1,416자
아←아←아←아←아←아←아←아←아←아←아←아←아	1,428자
아→아→아→아→아→아→아→아→아→아→아→아→아	1,440자

한 줄 스피드 속독 트레이닝 [1단계] ❾

* 시점을 중심으로부터 훈련 기호 한 줄을 최대한 많이 본 상태에서 화살표를 따라 안구를 좌·우로 이동하여 글을 읽듯이 최대한 빠르게 아래로 내려간다.
* 종합훈련 시 ①호~⑩호까지 연속으로 이동하여 (1분 단위로 측정) 글자 수를 기록한다.

← 시·점 →

행	글자 수
자 → 자 → 자 → 자 → 자 → 자 → 자 → 자 → 자 → 자 → 자	1,452자
자 ← 자 ← 자 ← 자 ← 자 ← 자 ← 자 ← 자 ← 자 ← 자 ← 자	1,464자
자 → 자 → 자 → 자 → 자 → 자 → 자 → 자 → 자 → 자 → 자	1,476자
자 ← 자 ← 자 ← 자 ← 자 ← 자 ← 자 ← 자 ← 자 ← 자 ← 자	1,488자
자 → 자 → 자 → 자 → 자 → 자 → 자 → 자 → 자 → 자 → 자	1,500자
자 ← 자 ← 자 ← 자 ← 자 ← 자 ← 자 ← 자 ← 자 ← 자 ← 자	1,512자
자 → 자 → 자 → 자 → 자 → 자 → 자 → 자 → 자 → 자 → 자	1,524자
자 ← 자 ← 자 ← 자 ← 자 ← 자 ← 자 ← 자 ← 자 ← 자 ← 자	1,536자
자 → 자 → 자 → 자 → 자 → 자 → 자 → 자 → 자 → 자 → 자	1,548자
자 ← 자 ← 자 ← 자 ← 자 ← 자 ← 자 ← 자 ← 자 ← 자 ← 자	1,560자
자 → 자 → 자 → 자 → 자 → 자 → 자 → 자 → 자 → 자 → 자	1,572자
자 ← 자 ← 자 ← 자 ← 자 ← 자 ← 자 ← 자 ← 자 ← 자 ← 자	1,584자
자 → 자 → 자 → 자 → 자 → 자 → 자 → 자 → 자 → 자 → 자	1,596자
자 ← 자 ← 자 ← 자 ← 자 ← 자 ← 자 ← 자 ← 자 ← 자 ← 자	1,608자
자 → 자 → 자 → 자 → 자 → 자 → 자 → 자 → 자 → 자 → 자	1,620자

한 줄 스피드 속독 트레이닝 [1단계] ⑩

* 시점을 중심으로부터 훈련 기호 한 줄을 최대한 많이 본 상태에서 화살표를 따라 안구를 좌·우로 이동하여 글을 읽듯이 최대한 빠르게 아래로 내려간다.
* 종합훈련 시 ①호~⑩호까지 연속으로 이동하여 (1분 단위로 측정) 글자 수를 기록한다.

← 시·점 →

줄	글자수
차 → 차 → 차 → 차 → 차 → 차 → 차 → 차 → 차 → 차 → 차	1,632자
차 ← 차 ← 차 ← 차 ← 차 ← 차 ← 차 ← 차 ← 차 ← 차 ← 차	1,644자
차 → 차 → 차 → 차 → 차 → 차 → 차 → 차 → 차 → 차 → 차	1,656자
차 ← 차 ← 차 ← 차 ← 차 ← 차 ← 차 ← 차 ← 차 ← 차 ← 차	1,668자
차 → 차 → 차 → 차 → 차 → 차 → 차 → 차 → 차 → 차 → 차	1,680자
차 ← 차 ← 차 ← 차 ← 차 ← 차 ← 차 ← 차 ← 차 ← 차 ← 차	1,692자
차 → 차 → 차 → 차 → 차 → 차 → 차 → 차 → 차 → 차 → 차	1,704자
차 ← 차 ← 차 ← 차 ← 차 ← 차 ← 차 ← 차 ← 차 ← 차 ← 차	1,716자
차 → 차 → 차 → 차 → 차 → 차 → 차 → 차 → 차 → 차 → 차	1,728자
차 ← 차 ← 차 ← 차 ← 차 ← 차 ← 차 ← 차 ← 차 ← 차 ← 차	1,740자
차 → 차 → 차 → 차 → 차 → 차 → 차 → 차 → 차 → 차 → 차	1,752자
차 ← 차 ← 차 ← 차 ← 차 ← 차 ← 차 ← 차 ← 차 ← 차 ← 차	1,764자
차 → 차 → 차 → 차 → 차 → 차 → 차 → 차 → 차 → 차 → 차	1,776자
차 ← 차 ← 차 ← 차 ← 차 ← 차 ← 차 ← 차 ← 차 ← 차 ← 차	1,788자
차 → 차 → 차 → 차 → 차 → 차 → 차 → 차 → 차 → 차 → 차	1,800자

 ## 스피드 속독 트레이닝 기록표

기록 향상을 위하여 매회 글자 수를 기록한다.

1차 자	11차 자	21차 자
2차 자	12차 자	22차 자
3차 자	13차 자	23차 자
4차 자	14차 자	24차 자
5차 자	15차 자	25차 자
6차 자	16차 자	26차 자
7차 자	17차 자	27차 자
8차 자	18차 자	28차 자
9차 자	19차 자	29차 자
10차 자	20차 자	30차 자

트레이닝 기록표

시력 향상을 위한 눈 체조 [2]

* 시점을 중심에 두고 화살표(→) 방향으로 연속하여 총 10회를 빠르게 반복 이동한다.

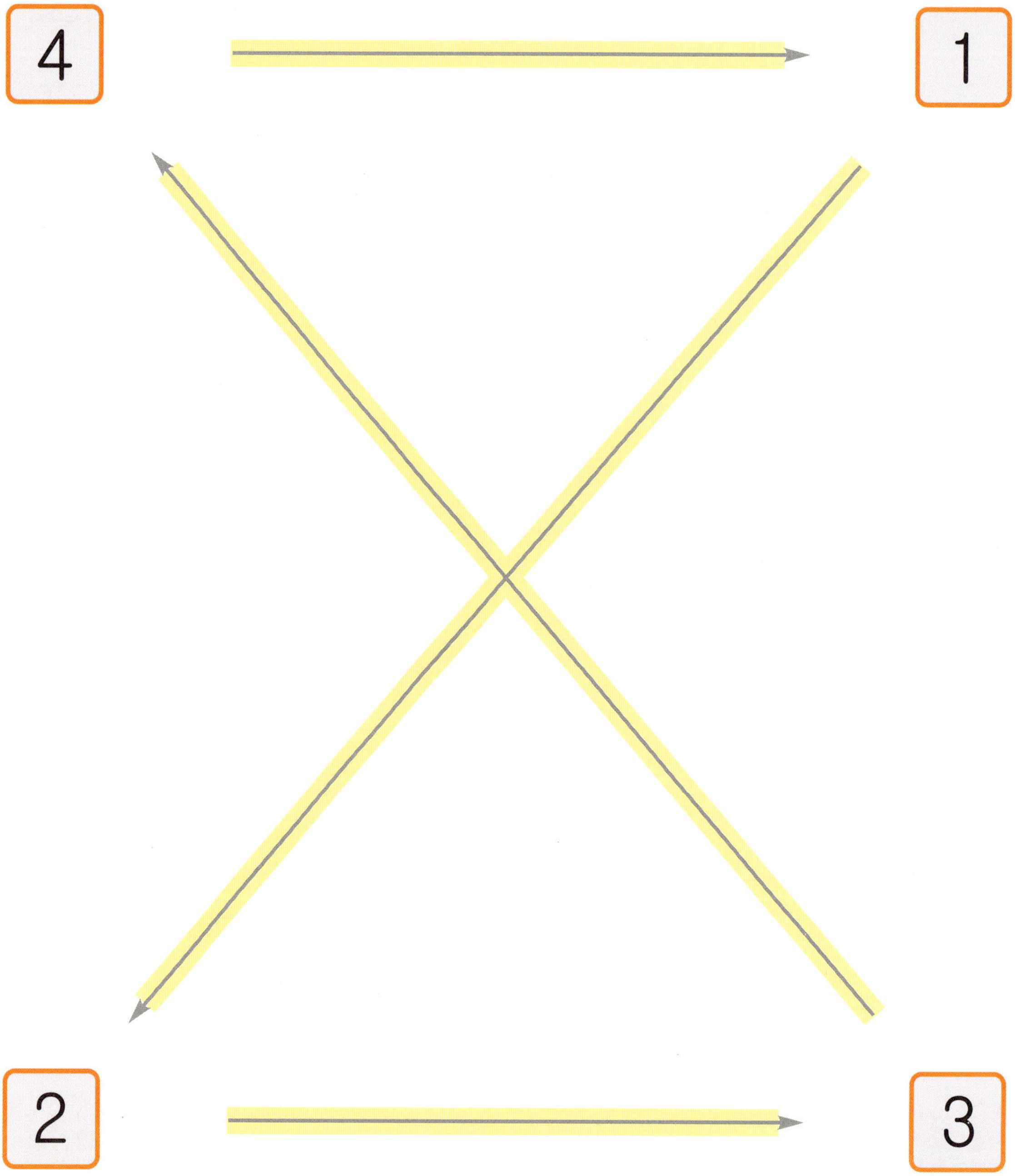

 **눈 체조 [2]** 훈련 기록표

시력 향상을 위하여 매회 소요시간을 기록한다.

1차 ___ 초	11차 ___ 초	21차 ___ 초
2차 ___ 초	12차 ___ 초	22차 ___ 초
3차 ___ 초	13차 ___ 초	23차 ___ 초
4차 ___ 초	14차 ___ 초	24차 ___ 초
5차 ___ 초	15차 ___ 초	25차 ___ 초
6차 ___ 초	16차 ___ 초	26차 ___ 초
7차 ___ 초	17차 ___ 초	27차 ___ 초
8차 ___ 초	18차 ___ 초	28차 ___ 초
9차 ___ 초	19차 ___ 초	29차 ___ 초
10차 ___ 초	20차 ___ 초	30차 ___ 초

두 글자 인지훈련 스피드 측정 2

*좌·우측에 있는 글자를 먼저 인지하고 그 줄의 같은 글자를 빠르게 인지한다.

경제 ⇨ 서열 창의 숙지 자유 주권 기술 창조 국가 시장 경제 제일

전략 평화 국민 발전 취업 나라 문학 사회 예술 국토 위기 ⇦ 발전

무역 ⇨ 전문 골퍼 평가 인재 양성 명상 현장 인도 무역 평등 기술

창업 예금 보험 카드 품질 소송 비용 생산 매출 가격 공시 ⇦ 카드

결산 ⇨ 법인 생명 건설 지방 벤처 상장 무역 발전 기술 증서 결산

항공 증서 국민 평등 자유 사태 국문 회계 기업 숙지 명상 ⇦ 자유

창작 ⇨ 부실 상심 제보 독자 하천 예비 복합 쇼핑 타운 창작 센터

예술 개관 답사 유언 소속 기획 조정 실장 금상 논문 유력 ⇦ 기획

운영 ⇨ 정상 역전 외신 민주 국가 향상 선거 관리 민주 운영 성공

국민 평등 취업 자유 주권 기술 창조 국가 시장 경제 제일 ⇦ 평등

사회 ⇨ 무역 발전 기술 양성 서열 창의 전략 사회 예술 국토 위기

기술 창조 국가 업무 투자 배당 명단 진상 시장 경제 제일 ⇦ 투자

문학 ⇨ 토목 패션 펀드 전문 골퍼 평가 인재 문학 평화 나라 인도

현장 주권 취업 전략 평화 나라 문학 사회 예술 국토 위기 ⇦ 주권

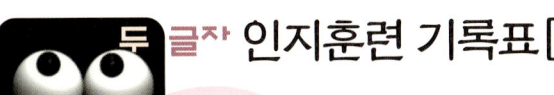 인지훈련 기록표 [2]

[소요시간 : 20초 내 주파]

실력 향상을 위하여 매회 소요시간을 기록한다.

1차 ___ 초	11차 ___ 초	21차 ___ 초
2차 ___ 초	12차 ___ 초	22차 ___ 초
3차 ___ 초	13차 ___ 초	23차 ___ 초
4차 ___ 초	14차 ___ 초	24차 ___ 초
5차 ___ 초	15차 ___ 초	25차 ___ 초
6차 ___ 초	16차 ___ 초	26차 ___ 초
7차 ___ 초	17차 ___ 초	27차 ___ 초
8차 ___ 초	18차 ___ 초	28차 ___ 초
9차 ___ 초	19차 ___ 초	29차 ___ 초
10차 ___ 초	20차 ___ 초	30차 ___ 초

두 줄 스피드 속독 트레이닝 [2단계]

* 시점을 중심으로부터 훈련 기호 두 줄씩을 최대한 많이 본 상태에서 화살표를 따라 안구를 좌·우로 이동하여 글을 읽듯이 최대한 빠르게 아래로 내려간다.
* 종합훈련 시 ①호~⑩호까지 연속으로 이동하여 (1분 단위로 측정) 글자 수를 기록한다.

← 시·점 →

24자

48자

72자

96자

120자

144자

168자

192자

두 줄 스피드 속독 트레이닝 [2단계] ❷

* 시점을 중심으로부터 훈련 기호 두 줄씩을 최대한 많이 본 상태에서 화살표를 따라 안구를 좌·우로 이동하여 글을 읽듯이 최대한 빠르게 아래로 내려간다.
* 종합훈련 시 ①호~⑩호까지 연속으로 이동하여 (1분 단위로 측정) 글자 수를 기록한다.

← 시·점 →

더→더→더→더→더→더→더→더→더→더→더→더
러→러→러→러→러→러→러→러→러→러→러→러   216자

더←더←더←더←더←더←더←더←더←더←더←더
러←러←러←러←러←러←러←러←러←러←러←러   240자

더→더→더→더→더→더→더→더→더→더→더→더
러→러→러→러→러→러→러→러→러→러→러→러   264자

더←더←더←더←더←더←더←더←더←더←더←더
러←러←러←러←러←러←러←러←러←러←러←러   288자

더→더→더→더→더→더→더→더→더→더→더→더
러→러→러→러→러→러→러→러→러→러→러→러   312자

더←더←더←더←더←더←더←더←더←더←더←더
러←러←러←러←러←러←러←러←러←러←러←러   336자

더→더→더→더→더→더→더→더→더→더→더→더
러→러→러→러→러→러→러→러→러→러→러→러   360자

더←더←더←더←더←더←더←더←더←더←더←더
러←러←러←러←러←러←러←러←러←러←러←러   384자

두 줄 스피드 속독 트레이닝 [2단계]

* 시점을 중심으로부터 훈련 기호 두 줄씩을 최대한 많이 본 상태에서 화살표를 따라 안구를 좌·우로 이동하여 글을 읽듯이 최대한 빠르게 아래로 내려간다.
* 종합훈련 시 ①호~⑩호까지 연속으로 이동하여 (1분 단위로 측정) 글자 수를 기록한다.

← 시·점 →

408자
432자
456자
480자
504자
528자
552자
576자

두 줄 스피드 속독 트레이닝 [2단계]

* 시점을 중심으로부터 훈련 기호 두 줄씩을 최대한 많이 본 상태에서 화살표를 따라 안구를 좌·우로 이동하여 글을 읽듯이 최대한 빠르게 아래로 내려간다.
* 종합훈련 시 ①호~⑩호까지 연속으로 이동하여 (1분 단위로 측정) 글자 수를 기록한다.

← 시·점 →

600자
624자
648자
672자
696자
720자
744자
768자

두 줄 스피드 속독 트레이닝 [2단계]

* 시점을 중심으로부터 훈련 기호 두 줄씩을 최대한 많이 본 상태에서 화살표를 따라 안구를 좌·우로 이동하여 글을 읽듯이 최대한 빠르게 아래로 내려간다.
* 종합훈련 시 ①호~⑩호까지 연속으로 이동하여 (1분 단위로 측정) 글자 수를 기록한다.

← 시·점 →

저 → 저 → 저 → 저 → 저 → 저 → 저 → 저 → 저 → 저 → 저
처 → 처 → 처 → 처 → 처 → 처 → 처 → 처 → 처 → 처 → 처   792자

저 ← 저 ← 저 ← 저 ← 저 ← 저 ← 저 ← 저 ← 저 ← 저 ← 저
처 ← 처 ← 처 ← 처 ← 처 ← 처 ← 처 ← 처 ← 처 ← 처 ← 처   816자

저 → 저 → 저 → 저 → 저 → 저 → 저 → 저 → 저 → 저 → 저
처 → 처 → 처 → 처 → 처 → 처 → 처 → 처 → 처 → 처 → 처   840자

저 ← 저 ← 저 ← 저 ← 저 ← 저 ← 저 ← 저 ← 저 ← 저 ← 저
처 ← 처 ← 처 ← 처 ← 처 ← 처 ← 처 ← 처 ← 처 ← 처 ← 처   864자

저 → 저 → 저 → 저 → 저 → 저 → 저 → 저 → 저 → 저 → 저
처 → 처 → 처 → 처 → 처 → 처 → 처 → 처 → 처 → 처 → 처   888자

저 ← 저 ← 저 ← 저 ← 저 ← 저 ← 저 ← 저 ← 저 ← 저 ← 저
처 ← 처 ← 처 ← 처 ← 처 ← 처 ← 처 ← 처 ← 처 ← 처 ← 처   912자

저 → 저 → 저 → 저 → 저 → 저 → 저 → 저 → 저 → 저 → 저
처 → 처 → 처 → 처 → 처 → 처 → 처 → 처 → 처 → 처 → 처   936자

저 ← 저 ← 저 ← 저 ← 저 ← 저 ← 저 ← 저 ← 저 ← 저 ← 저
처 ← 처 ← 처 ← 처 ← 처 ← 처 ← 처 ← 처 ← 처 ← 처 ← 처   960자

두 줄 스피드 속독 트레이닝 [2단계] ❻

* 시점을 중심으로부터 훈련 기호 두 줄씩을 최대한 많이 본 상태에서 화살표를 따라 안구를 좌·우로 이동하여 글을 읽듯이 최대한 빠르게 아래로 내려간다.
* 종합훈련 시 ①호~⑩호까지 연속으로 이동하여 (1분 단위로 측정) 글자 수를 기록한다.

← 시·점 →

984자

1,008자

1,032자

1,056자

1,080자

1,104자

1,128자

1,152자

두 줄 스피드 속독 트레이닝 [2단계]

* 시점을 중심으로부터 훈련 기호 두 줄씩을 최대한 많이 본 상태에서 화살표를 따라 안구를 좌·우로 이동하여 글을 읽듯이 최대한 빠르게 아래로 내려간다.
* 종합훈련 시 ①호~⑩호까지 연속으로 이동하여 (1분 단위로 측정) 글자 수를 기록한다.

← 시·점 →

퍼 → 퍼 → 퍼 → 퍼 → 퍼 → 퍼 → 퍼 → 퍼 → 퍼 → 퍼 → 퍼 → 퍼
허 → 허 → 허 → 허 → 허 → 허 → 허 → 허 → 허 → 허 → 허 → 허   1,176자

퍼 ← 퍼 ← 퍼 ← 퍼 ← 퍼 ← 퍼 ← 퍼 ← 퍼 ← 퍼 ← 퍼 ← 퍼 ← 퍼
허 ← 허 ← 허 ← 허 ← 허 ← 허 ← 허 ← 허 ← 허 ← 허 ← 허 ← 허   1,200자

퍼 → 퍼 → 퍼 → 퍼 → 퍼 → 퍼 → 퍼 → 퍼 → 퍼 → 퍼 → 퍼 → 퍼
허 → 허 → 허 → 허 → 허 → 허 → 허 → 허 → 허 → 허 → 허 → 허   1,224자

퍼 ← 퍼 ← 퍼 ← 퍼 ← 퍼 ← 퍼 ← 퍼 ← 퍼 ← 퍼 ← 퍼 ← 퍼 ← 퍼
허 ← 허 ← 허 ← 허 ← 허 ← 허 ← 허 ← 허 ← 허 ← 허 ← 허 ← 허   1,248자

퍼 → 퍼 → 퍼 → 퍼 → 퍼 → 퍼 → 퍼 → 퍼 → 퍼 → 퍼 → 퍼 → 퍼
허 → 허 → 허 → 허 → 허 → 허 → 허 → 허 → 허 → 허 → 허 → 허   1,272자

퍼 ← 퍼 ← 퍼 ← 퍼 ← 퍼 ← 퍼 ← 퍼 ← 퍼 ← 퍼 ← 퍼 ← 퍼 ← 퍼
허 ← 허 ← 허 ← 허 ← 허 ← 허 ← 허 ← 허 ← 허 ← 허 ← 허 ← 허   1,296자

퍼 → 퍼 → 퍼 → 퍼 → 퍼 → 퍼 → 퍼 → 퍼 → 퍼 → 퍼 → 퍼 → 퍼
허 → 허 → 허 → 허 → 허 → 허 → 허 → 허 → 허 → 허 → 허 → 허   1,320자

퍼 ← 퍼 ← 퍼 ← 퍼 ← 퍼 ← 퍼 ← 퍼 ← 퍼 ← 퍼 ← 퍼 ← 퍼 ← 퍼
허 ← 허 ← 허 ← 허 ← 허 ← 허 ← 허 ← 허 ← 허 ← 허 ← 허 ← 허   1,344자

두 줄 스피드 속독 트레이닝 [2단계]

* 시점을 중심으로부터 훈련 기호 두 줄씩을 최대한 많이 본 상태에서 화살표를 따라 안구를 좌·우로 이동하여 글을 읽듯이 최대한 빠르게 아래로 내려간다.
* 종합훈련 시 ①호~⑩호까지 연속으로 이동하여 (1분 단위로 측정) 글자 수를 기록한다.

← 시·점 →

1,368자

1,392자

1,416자

1,440자

1,464자

1,488자

1,512자

1,536자

두 줄 스피드 속독 트레이닝 [2단계]

* 시점을 중심으로부터 훈련 기호 두 줄씩을 최대한 많이 본 상태에서 화살표를 따라 안구를 좌·우로 이동하여 글을 읽듯이 최대한 빠르게 아래로 내려간다.
* 종합훈련 시 ①호~⑩호까지 연속으로 이동하여 (1분 단위로 측정) 글자 수를 기록한다.

← 시·점 →

1,560자

1,584자

1,608자

1,632자

1,656자

1,680자

1,704자

1,728자

두 줄 스피드 속독 트레이닝 [2단계]

* 시점을 중심으로부터 훈련 기호 두 줄씩을 최대한 많이 본 상태에서 화살표를 따라 안구를 좌·우로 이동하여 글을 읽듯이 최대한 빠르게 아래로 내려간다.
* 종합훈련 시 ①호~⑩호까지 연속으로 이동하여 (1분 단위로 측정) 글자 수를 기록한다.

← 시·점 →

1,752자
1,776자
1,800자
1,824자
1,848자
1,872자
1,896자
1,920자

두 줄 스피드 속독 트레이닝 2단계

 # 스피드 속독 트레이닝 기록표

기록 향상을 위하여 매회 글자 수를 기록한다.

1차　　　자	11차　　　자	21차　　　자
2차　　　자	12차　　　자	22차　　　자
3차　　　자	13차　　　자	23차　　　자
4차　　　자	14차　　　자	24차　　　자
5차　　　자	15차　　　자	25차　　　자
6차　　　자	16차　　　자	26차　　　자
7차　　　자	17차　　　자	27차　　　자
8차　　　자	18차　　　자	28차　　　자
9차　　　자	19차　　　자	29차　　　자
10차　　　자	20차　　　자	30차　　　자

시력 향상을 위한 눈 체조 [3]

✳ 시점을 중심에 두고 화살표(→) 방향으로 연속하여 총 10회를 빠르게 반복 이동한다.

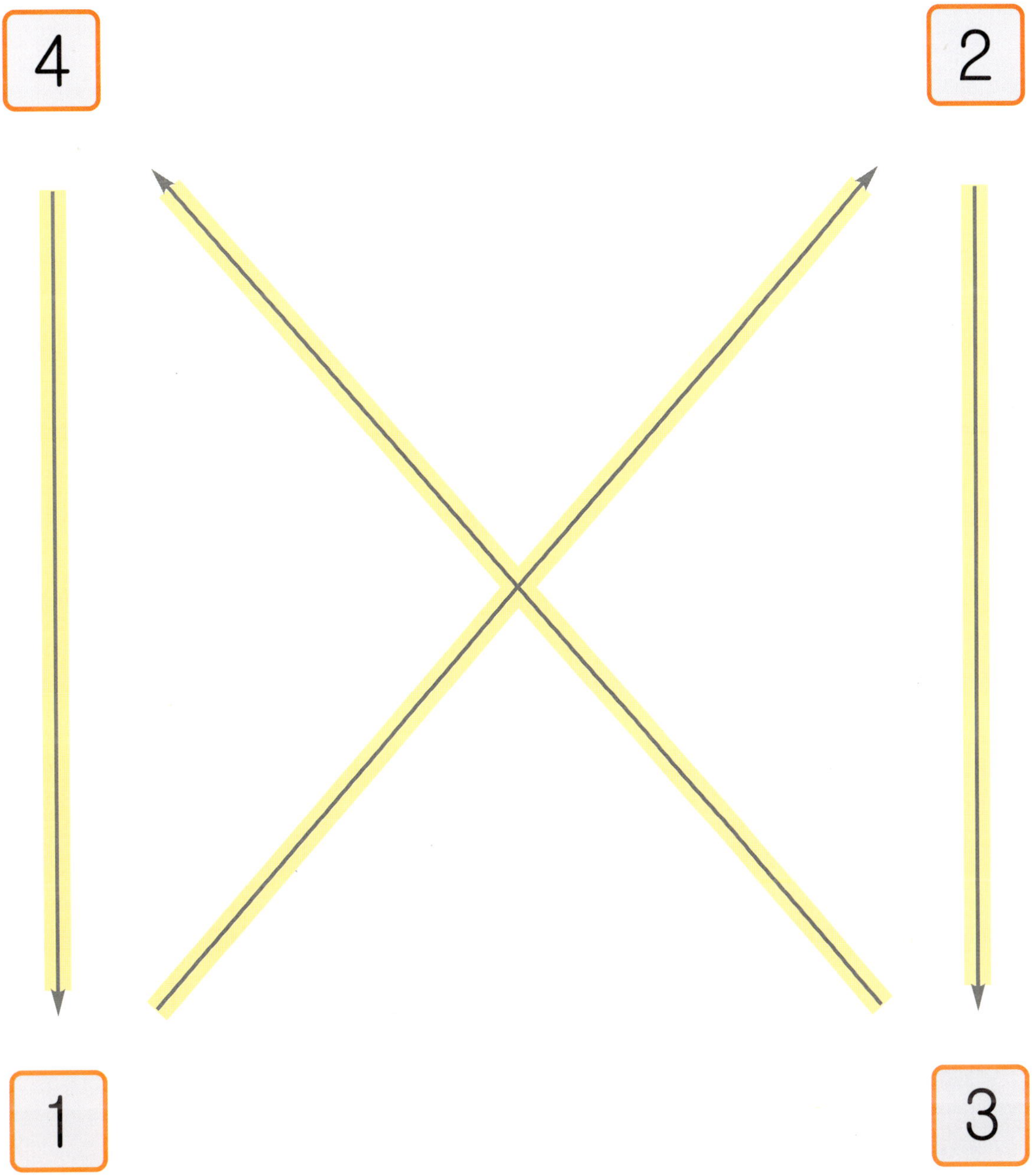

눈 체조 [3] 훈련 기록표

시력 향상을 위하여 매회 소요시간을 기록한다.

1차 ___ 초	11차 ___ 초	21차 ___ 초
2차 ___ 초	12차 ___ 초	22차 ___ 초
3차 ___ 초	13차 ___ 초	23차 ___ 초
4차 ___ 초	14차 ___ 초	24차 ___ 초
5차 ___ 초	15차 ___ 초	25차 ___ 초
6차 ___ 초	16차 ___ 초	26차 ___ 초
7차 ___ 초	17차 ___ 초	27차 ___ 초
8차 ___ 초	18차 ___ 초	28차 ___ 초
9차 ___ 초	19차 ___ 초	29차 ___ 초
10차 ___ 초	20차 ___ 초	30차 ___ 초

훈련 기록표

세 글자 인지훈련 스피드 측정 3

*좌·우측에 있는 글자를 먼저 인지하고 그 줄의 같은 글자를 빠르게 인지한다.

가능성 ⇨ 우선적 감수성 글로벌 스마트 대학원 가능성 페이퍼

스마트 청와대 국제법 휴대폰 교육원 시리즈 하이킥 ⇦ **국제법**

인문학 ⇨ 지도자 국제적 어학원 예술촌 인문학 낙동강 소개팅

경험담 총무원 소설가 미디어 코미디 영화제 동영상 ⇦ **소설가**

올림픽 ⇨ 콘서트 민주화 한국형 개도국 이미지 연구진 올림픽

플라자 소속사 결혼식 환경부 대학로 건축물 유리컵 ⇦ **환경부**

서비스 ⇨ 봄나물 창업자 중개사 설명회 고시원 연락처 서비스

전문가 코스닥 조합원 오피스 모바일 배당금 맞춤형 ⇦ **전문가**

자동차 ⇨ 안정성 교육비 정체성 자동차 상하이 수도권 공기업

울릉도 태평양 기지국 교환기 보유세 세무사 소비세 ⇦ **울릉도**

대학로 ⇨ 변동률 하이킥 소개팅 코미디 한국형 올림픽 대학로

유리컵 서비스 조합원 맞춤형 연기금 지도자 인문학 ⇦ **조합원**

오피스 ⇨ 동영상 개도국 소속사 봄나물 설명회 오피스 안전성

시리즈 소설가 이미지 결혼식 연구진 창업자 신생국 ⇦ **소설가**

 ## 세 글자 인지훈련 기록표[3]

[소요시간 : 20초 내 주파]

실력 향상을 위하여 매회 소요시간을 기록한다.

1차 초	11차 초	21차 초
2차 초	12차 초	22차 초
3차 초	13차 초	23차 초
4차 초	14차 초	24차 초
5차 초	15차 초	25차 초
6차 초	16차 초	26차 초
7차 초	17차 초	27차 초
8차 초	18차 초	28차 초
9차 초	19차 초	29차 초
10차 초	20차 초	30차 초

세 줄 스피드 속독 트레이닝 [3단계] ①

* 시점을 중심으로부터 훈련 기호 세 줄씩을 최대한 많이 본 상태에서 화살표를 따라 안구를 좌·우로 이동하여 글을 읽듯이 최대한 빠르게 아래로 내려간다.
* 종합훈련 시 ①호~⑩호까지 연속으로 이동하여 (1분 단위로 측정) 글자 수를 기록한다.

← 시·점 →

고 → 고 → 고 → 고 → 고 → 고 → 고 → 고 → 고 → 고 → 고 → 고
노 → 노 → 노 → 노 → 노 → 노 → 노 → 노 → 노 → 노 → 노 → 노
도 → 도 → 도 → 도 → 도 → 도 → 도 → 도 → 도 → 도 → 도 → 도   36자

고 ← 고 ← 고 ← 고 ← 고 ← 고 ← 고 ← 고 ← 고 ← 고 ← 고 ← 고
노 ← 노 ← 노 ← 노 ← 노 ← 노 ← 노 ← 노 ← 노 ← 노 ← 노 ← 노
도 ← 도 ← 도 ← 도 ← 도 ← 도 ← 도 ← 도 ← 도 ← 도 ← 도 ← 도   72자

고 → 고 → 고 → 고 → 고 → 고 → 고 → 고 → 고 → 고 → 고 → 고
노 → 노 → 노 → 노 → 노 → 노 → 노 → 노 → 노 → 노 → 노 → 노
도 → 도 → 도 → 도 → 도 → 도 → 도 → 도 → 도 → 도 → 도 → 도   108자

고 ← 고 ← 고 ← 고 ← 고 ← 고 ← 고 ← 고 ← 고 ← 고 ← 고 ← 고
노 ← 노 ← 노 ← 노 ← 노 ← 노 ← 노 ← 노 ← 노 ← 노 ← 노 ← 노
도 ← 도 ← 도 ← 도 ← 도 ← 도 ← 도 ← 도 ← 도 ← 도 ← 도 ← 도   144자

고 → 고 → 고 → 고 → 고 → 고 → 고 → 고 → 고 → 고 → 고 → 고
노 → 노 → 노 → 노 → 노 → 노 → 노 → 노 → 노 → 노 → 노 → 노
도 → 도 → 도 → 도 → 도 → 도 → 도 → 도 → 도 → 도 → 도 → 도   180자

세 줄 스피드 속독 트레이닝 [3단계]

* 시점을 중심으로부터 훈련 기호 세 줄씩을 최대한 많이 본 상태에서 화살표를 따라 안구를 좌·우로 이동하여 글을 읽듯이 최대한 빠르게 아래로 내려간다.
* 종합훈련 시 ①호~⑩호까지 연속으로 이동하여 (1분 단위로 측정) 글자 수를 기록한다.

← 시·점 →

로 → 로 → 로 → 로 → 로 → 로 → 로 → 로 → 로 → 로 → 로
모 → 모 → 모 → 모 → 모 → 모 → 모 → 모 → 모 → 모 → 모 → 모
보 → 보 → 보 → 보 → 보 → 보 → 보 → 보 → 보 → 보 → 보 → 보   216자

로 ← 로 ← 로 ← 로 ← 로 ← 로 ← 로 ← 로 ← 로 ← 로 ← 로 ← 로
모 ← 모 ← 모 ← 모 ← 모 ← 모 ← 모 ← 모 ← 모 ← 모 ← 모 ← 모
보 ← 보 ← 보 ← 보 ← 보 ← 보 ← 보 ← 보 ← 보 ← 보 ← 보 ← 보   252자

로 → 로 → 로 → 로 → 로 → 로 → 로 → 로 → 로 → 로 → 로 → 로
모 → 모 → 모 → 모 → 모 → 모 → 모 → 모 → 모 → 모 → 모 → 모
보 → 보 → 보 → 보 → 보 → 보 → 보 → 보 → 보 → 보 → 보 → 보   288자

로 ← 로 ← 로 ← 로 ← 로 ← 로 ← 로 ← 로 ← 로 ← 로 ← 로 ← 로
모 ← 모 ← 모 ← 모 ← 모 ← 모 ← 모 ← 모 ← 모 ← 모 ← 모 ← 모
보 ← 보 ← 보 ← 보 ← 보 ← 보 ← 보 ← 보 ← 보 ← 보 ← 보 ← 보   324자

로 → 로 → 로 → 로 → 로 → 로 → 로 → 로 → 로 → 로 → 로 → 로
모 → 모 → 모 → 모 → 모 → 모 → 모 → 모 → 모 → 모 → 모 → 모
보 → 보 → 보 → 보 → 보 → 보 → 보 → 보 → 보 → 보 → 보 → 보   360자

세 줄 스피드 속독 트레이닝 [3단계] ❸

* 시점을 중심으로부터 훈련 기호 세 줄씩을 최대한 많이 본 상태에서 화살표를 따라 안구를 좌·우로 이동하여 글을 읽듯이 최대한 빠르게 아래로 내려간다.
* 종합훈련 시 ①호~⑩호까지 연속으로 이동하여 (1분 단위로 측정) 글자 수를 기록한다.

← 시·점 →

소 → 소 → 소 → 소 → 소 → 소 → 소 → 소 → 소 → 소 → 소 → 소
오 → 오 → 오 → 오 → 오 → 오 → 오 → 오 → 오 → 오 → 오 → 오
조 → 조 → 조 → 조 → 조 → 조 → 조 → 조 → 조 → 조 → 조 → 조   396자

소 ← 소 ← 소 ← 소 ← 소 ← 소 ← 소 ← 소 ← 소 ← 소 ← 소 ← 소
오 ← 오 ← 오 ← 오 ← 오 ← 오 ← 오 ← 오 ← 오 ← 오 ← 오 ← 오
조 ← 조 ← 조 ← 조 ← 조 ← 조 ← 조 ← 조 ← 조 ← 조 ← 조 ← 조   432자

소 → 소 → 소 → 소 → 소 → 소 → 소 → 소 → 소 → 소 → 소 → 소
오 → 오 → 오 → 오 → 오 → 오 → 오 → 오 → 오 → 오 → 오 → 오
조 → 조 → 조 → 조 → 조 → 조 → 조 → 조 → 조 → 조 → 조 → 조   461자

소 ← 소 ← 소 ← 소 ← 소 ← 소 ← 소 ← 소 ← 소 ← 소 ← 소 ← 소
오 ← 오 ← 오 ← 오 ← 오 ← 오 ← 오 ← 오 ← 오 ← 오 ← 오 ← 오
조 ← 조 ← 조 ← 조 ← 조 ← 조 ← 조 ← 조 ← 조 ← 조 ← 조 ← 조   504자

소 → 소 → 소 → 소 → 소 → 소 → 소 → 소 → 소 → 소 → 소 → 소
오 → 오 → 오 → 오 → 오 → 오 → 오 → 오 → 오 → 오 → 오 → 오
조 → 조 → 조 → 조 → 조 → 조 → 조 → 조 → 조 → 조 → 조 → 조   540자

세 줄 스피드 속독 트레이닝 [3단계]

* 시점을 중심으로부터 훈련 기호 세 줄씩을 최대한 많이 본 상태에서 화살표를 따라 안구를 좌·우로 이동하여 글을 읽듯이 최대한 빠르게 아래로 내려간다.
* 종합훈련 시 ①호~⑩호까지 연속으로 이동하여 (1분 단위로 측정) 글자 수를 기록한다.

← 시·점 →

576자

612자

648자

684자

720자

94 세 줄 스피드 속독 트레이닝 3단계

세 줄 스피드 속독 트레이닝 [3단계] ⑤

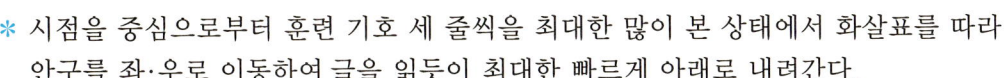

* 시점을 중심으로부터 훈련 기호 세 줄씩을 최대한 많이 본 상태에서 화살표를 따라 안구를 좌·우로 이동하여 글을 읽듯이 최대한 빠르게 아래로 내려간다.
* 종합훈련 시 ①호~⑩호까지 연속으로 이동하여 (1분 단위로 측정) 글자 수를 기록한다.

← 시·점 →

756자

792자

828자

864자

900자

세 줄 스피드 속독 트레이닝 [3단계]

* 시점을 중심으로부터 훈련 기호 세 줄씩을 최대한 많이 본 상태에서 화살표를 따라 안구를 좌·우로 이동하여 글을 읽듯이 최대한 빠르게 아래로 내려간다.
* 종합훈련 시 ①호~⑩호까지 연속으로 이동하여 (1분 단위로 측정) 글자 수를 기록한다.

← 시·점 →

936자

972자

1,008자

1,044자

1,080자

세 줄 스피드 속독 트레이닝 [3단계] ❼

* 시점을 중심으로부터 훈련 기호 세 줄씩을 최대한 많이 본 상태에서 화살표를 따라 안구를 좌·우로 이동하여 글을 읽듯이 최대한 빠르게 아래로 내려간다.
* 종합훈련 시 ①호~⑩호까지 연속으로 이동하여 (1분 단위로 측정) 글자 수를 기록한다.

← 시·점 →

묘 → 묘 → 묘 → 묘 → 묘 → 묘 → 묘 → 묘 → 묘 → 묘 → 묘
뵤 → 뵤 → 뵤 → 뵤 → 뵤 → 뵤 → 뵤 → 뵤 → 뵤 → 뵤 → 뵤
쇼 → 쇼 → 쇼 → 쇼 → 쇼 → 쇼 → 쇼 → 쇼 → 쇼 → 쇼 → 쇼   1,116자

묘 ← 묘 ← 묘 ← 묘 ← 묘 ← 묘 ← 묘 ← 묘 ← 묘 ← 묘 ← 묘
뵤 ← 뵤 ← 뵤 ← 뵤 ← 뵤 ← 뵤 ← 뵤 ← 뵤 ← 뵤 ← 뵤 ← 뵤
쇼 ← 쇼 ← 쇼 ← 쇼 ← 쇼 ← 쇼 ← 쇼 ← 쇼 ← 쇼 ← 쇼 ← 쇼   1,152자

묘 → 묘 → 묘 → 묘 → 묘 → 묘 → 묘 → 묘 → 묘 → 묘 → 묘
뵤 → 뵤 → 뵤 → 뵤 → 뵤 → 뵤 → 뵤 → 뵤 → 뵤 → 뵤 → 뵤
쇼 → 쇼 → 쇼 → 쇼 → 쇼 → 쇼 → 쇼 → 쇼 → 쇼 → 쇼 → 쇼   1,188자

묘 ← 묘 ← 묘 ← 묘 ← 묘 ← 묘 ← 묘 ← 묘 ← 묘 ← 묘 ← 묘
뵤 ← 뵤 ← 뵤 ← 뵤 ← 뵤 ← 뵤 ← 뵤 ← 뵤 ← 뵤 ← 뵤 ← 뵤
쇼 ← 쇼 ← 쇼 ← 쇼 ← 쇼 ← 쇼 ← 쇼 ← 쇼 ← 쇼 ← 쇼 ← 쇼   1,224자

묘 → 묘 → 묘 → 묘 → 묘 → 묘 → 묘 → 묘 → 묘 → 묘 → 묘
뵤 → 뵤 → 뵤 → 뵤 → 뵤 → 뵤 → 뵤 → 뵤 → 뵤 → 뵤 → 뵤
쇼 → 쇼 → 쇼 → 쇼 → 쇼 → 쇼 → 쇼 → 쇼 → 쇼 → 쇼 → 쇼   1,260자

세 줄 스피드 속독 트레이닝 [3단계]

* 시점을 중심으로부터 훈련 기호 세 줄씩을 최대한 많이 본 상태에서 화살표를 따라 안구를 좌·우로 이동하여 글을 읽듯이 최대한 빠르게 아래로 내려간다.
* 종합훈련 시 ①호~⑩호까지 연속으로 이동하여 (1분 단위로 측정) 글자 수를 기록한다.

← 시·점 →

1,296자

1,332자

1,368자

1,404자

1,440자

세 줄 스피드 속독 트레이닝 3단계

세 줄 스피드 속독 트레이닝 [3단계] ❾

* 시점을 중심으로부터 훈련 기호 세 줄씩을 최대한 많이 본 상태에서 화살표를 따라 안구를 좌·우로 이동하여 글을 읽듯이 최대한 빠르게 아래로 내려간다.
* 종합훈련 시 ①호~⑩호까지 연속으로 이동하여 (1분 단위로 측정) 글자 수를 기록한다.

← 시·점 →

1,476자

1,512자

1,548자

1,584자

1,620자

세 줄 스피드 속독 트레이닝 [3단계]

* 시점을 중심으로부터 훈련 기호 세 줄씩을 최대한 많이 본 상태에서 화살표를 따라 안구를 좌·우로 이동하여 글을 읽듯이 최대한 빠르게 아래로 내려간다.
* 종합훈련 시 ①호~⑩호까지 연속으로 이동하여 (1분 단위로 측정) 글자 수를 기록한다.

← 시·점 →

1,656자

1,692자

1,728자

1,764자

1,800자

세 줄 스피드 속독 트레이닝 3단계

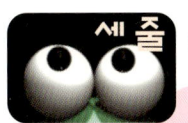

스피드 속독 트레이닝 기록표

기록 향상을 위하여 매회 글자 수를 기록한다.

1차	자	11차	자	21차	자
2차	자	12차	자	22차	자
3차	자	13차	자	23차	자
4차	자	14차	자	24차	자
5차	자	15차	자	25차	자
6차	자	16차	자	26차	자
7차	자	17차	자	27차	자
8차	자	18차	자	28차	자
9차	자	19차	자	29차	자
10차	자	20차	자	30차	자

트레이닝 기록표

시력 향상을 위한 눈 체조 [4]

* 시점을 중심에 두고 화살표(→) 방향으로 좌로 2회, 우로 2회씩 총 5회를 빠르게 반복 이동한다.

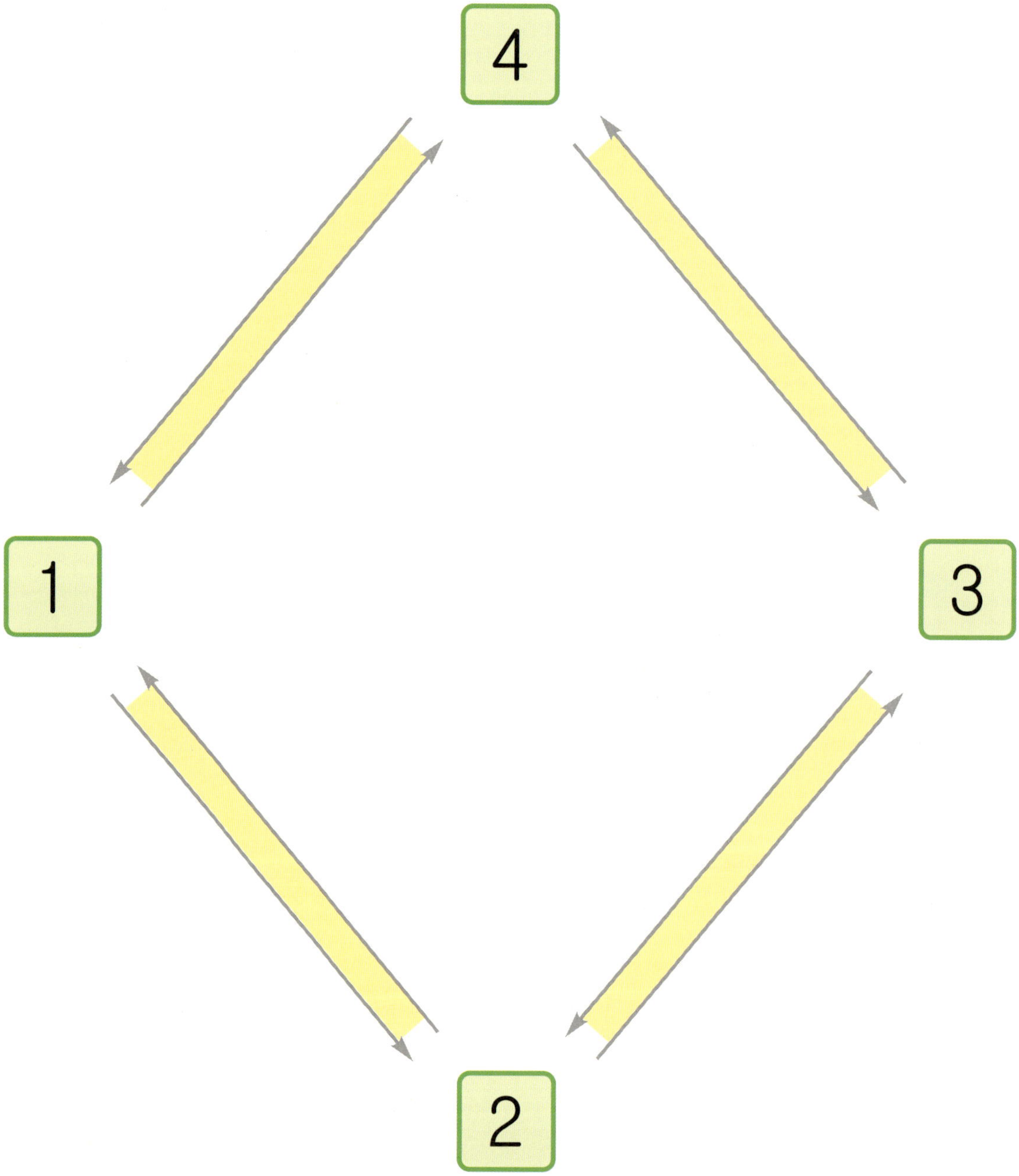

 **눈 체조 [4]** 훈련 기록표

시력 향상을 위하여 매회 소요시간을 기록한다.

1차 초	11차 초	21차 초
2차 초	12차 초	22차 초
3차 초	13차 초	23차 초
4차 초	14차 초	24차 초
5차 초	15차 초	25차 초
6차 초	16차 초	26차 초
7차 초	17차 초	27차 초
8차 초	18차 초	28차 초
9차 초	19차 초	29차 초
10차 초	20차 초	30차 초

훈련 기록표

네 글자 인지훈련 | 스피드 측정 | 4

*좌·우측에 있는 글자를 먼저 인지하고 그 줄의 같은 글자를 빠르게 인지한다.

우선순위 ⇨ 수색작업 공개채용 월드스타 경력사원 시나리오
　　　　　프리미엄 국제법상 우선순위 문명창조 공학박사

　　　　　관광회사 국가공인 비상사태 생명과학 평생교육 ⇦ 지역개발
　　　　　추진계획 후기모집 지역개발 소외계층 안데르센

생로병사 ⇨ 매각공모 문학소식 디자이너 민주주의 선거관리
　　　　　유비무한 건보개혁 미스터리 경제흐름 생로병사

　　　　　웹사이트 무상급식 성장신화 정치일정 품질경쟁 ⇦ 무상급식
　　　　　모집공고 악성코드 토지매각 줄기세포 공동경매

시나리오 ⇨ 보금자리 틈새시장 입체영화 우회상장 고도지표
　　　　　공개채용 시나리오 문명창조 비상대책 전기모집

　　　　　민주정치 디자이너 건보개혁 웹사이트 프리미엄 ⇦ 생명과학
　　　　　공과대학 생명과학 지역개발 매각공고 민주주의

악성코드 ⇨ 미스터리 월드스타 국제법상 관광회사 평생교육
　　　　　소외계층 선거관리 경제흐름 성장신화 악성코드

　　　　　보금자리 고용지표 경력사원 우선순위 국가공인 ⇦ 고용지표
　　　　　추진계획 안데르센 문학소식 유비무한 생로병사

월드스타 ⇨ 정치일정 토지매각 틈새공략 공동작업 공개채용
　　　　　지역발전 디자이너 줄기세포 월드스타 시나리오

 **글자 인지훈련 기록표 [4]**

[소요시간 : 15초 내 주파]

실력 향상을 위하여 매회 소요시간을 기록한다.

1차　　　　초	11차　　　　초	21차　　　　초
2차　　　　초	12차　　　　초	22차　　　　초
3차　　　　초	13차　　　　초	23차　　　　초
4차　　　　초	14차　　　　초	24차　　　　초
5차　　　　초	15차　　　　초	25차　　　　초
6차　　　　초	16차　　　　초	26차　　　　초
7차　　　　초	17차　　　　초	27차　　　　초
8차　　　　초	18차　　　　초	28차　　　　초
9차　　　　초	19차　　　　초	29차　　　　초
10차　　　　초	20차　　　　초	30차　　　　초

네 줄 스피드 속독 트레이닝 [4단계]

* 시점을 중심으로부터 훈련 기호 네 줄 씩을 최대한 많이 본 상태에서 화살표를 따라 안구를 좌·우로 이동하여 글을 읽듯이 최대한 빠르게 아래로 내려간다.
* 종합훈련 시 ①호~⑩호까지 연속으로 이동하여 (1분 단위로 측정) 글자 수를 기록한다.

← 시·점 →

구 → 구 → 구 → 구 → 구 → 구 → 구 → 구 → 구 → 구 → 구 → 구
누 → 누 → 누 → 누 → 누 → 누 → 누 → 누 → 누 → 누 → 누 → 누
두 → 두 → 두 → 두 → 두 → 두 → 두 → 두 → 두 → 두 → 두 → 두
루 → 루 → 루 → 루 → 루 → 루 → 루 → 루 → 루 → 루 → 루 → 루   48자

구 ← 구 ← 구 ← 구 ← 구 ← 구 ← 구 ← 구 ← 구 ← 구 ← 구 ← 구
누 ← 누 ← 누 ← 누 ← 누 ← 누 ← 누 ← 누 ← 누 ← 누 ← 누 ← 누
두 ← 두 ← 두 ← 두 ← 두 ← 두 ← 두 ← 두 ← 두 ← 두 ← 두 ← 두
루 ← 루 ← 루 ← 루 ← 루 ← 루 ← 루 ← 루 ← 루 ← 루 ← 루 ← 루   96자

구 → 구 → 구 → 구 → 구 → 구 → 구 → 구 → 구 → 구 → 구 → 구
누 → 누 → 누 → 누 → 누 → 누 → 누 → 누 → 누 → 누 → 누 → 누
두 → 두 → 두 → 두 → 두 → 두 → 두 → 두 → 두 → 두 → 두 → 두
루 → 루 → 루 → 루 → 루 → 루 → 루 → 루 → 루 → 루 → 루 → 루   144자

구 ← 구 ← 구 ← 구 ← 구 ← 구 ← 구 ← 구 ← 구 ← 구 ← 구 ← 구
누 ← 누 ← 누 ← 누 ← 누 ← 누 ← 누 ← 누 ← 누 ← 누 ← 누 ← 누
두 ← 두 ← 두 ← 두 ← 두 ← 두 ← 두 ← 두 ← 두 ← 두 ← 두 ← 두
루 ← 루 ← 루 ← 루 ← 루 ← 루 ← 루 ← 루 ← 루 ← 루 ← 루 ← 루   192자

네 줄 스피드 속독 트레이닝 [4단계] ❷

* 시점을 중심으로부터 훈련 기호 네 줄 씩을 최대한 많이 본 상태에서 화살표를 따라 안구를 좌·우로 이동하여 글을 읽듯이 최대한 빠르게 아래로 내려간다.
* 종합훈련 시 ①호~⑩호까지 연속으로 이동하여 (1분 단위로 측정) 글자 수를 기록한다.

← 시·점 →

240자

288자

336자

384자

네 줄 스피드 속독 트레이닝 4단계

107

네줄 스피드 속독 트레이닝 [4단계]

* 시점을 중심으로부터 훈련 기호 네 줄 씩을 최대한 많이 본 상태에서 화살표를 따라 안구를 좌·우로 이동하여 글을 읽듯이 최대한 빠르게 아래로 내려간다.
* 종합훈련 시 ①호~⑩호까지 연속으로 이동하여 (1분 단위로 측정) 글자 수를 기록한다.

← 시·점 →

432자

480자

528자

576자

네 줄 스피드 속독 트레이닝 [4단계]

* 시점을 중심으로부터 훈련 기호 네 줄 씩을 최대한 많이 본 상태에서 화살표를 따라 안구를 좌·우로 이동하여 글을 읽듯이 최대한 빠르게 아래로 내려간다.
* 종합훈련 시 ①호~⑩호까지 연속으로 이동하여 (1분 단위로 측정) 글자 수를 기록한다.

← 시·점 →

624자

672자

720자

768자

네 줄 스피드 속독 트레이닝 [4단계]

* 시점을 중심으로부터 훈련 기호 네 줄 씩을 최대한 많이 본 상태에서 화살표를 따라 안구를 좌·우로 이동하여 글을 읽듯이 최대한 빠르게 아래로 내려간다.
* 종합훈련 시 ①호~⑩호까지 연속으로 이동하여 (1분 단위로 측정) 글자 수를 기록한다.

← 시 · 점 →

816자

864자

912자

960자

네 줄 스피드 속독 트레이닝 4단계

네 줄 스피드 속독 트레이닝 [4단계]

* 시점을 중심으로부터 훈련 기호 네 줄 씩을 최대한 많이 본 상태에서 화살표를 따라 안구를 좌·우로 이동하여 글을 읽듯이 최대한 빠르게 아래로 내려간다.
* 종합훈련 시 ①호~⑩호까지 연속으로 이동하여 (1분 단위로 측정) 글자 수를 기록한다.

← 시·점 →

슈 → 슈 → 슈 → 슈 → 슈 → 슈 → 슈 → 슈 → 슈 → 슈 → 슈 → 슈
유 → 유 → 유 → 유 → 유 → 유 → 유 → 유 → 유 → 유 → 유 → 유
쥬 → 쥬 → 쥬 → 쥬 → 쥬 → 쥬 → 쥬 → 쥬 → 쥬 → 쥬 → 쥬 → 쥬
츄 → 츄 → 츄 → 츄 → 츄 → 츄 → 츄 → 츄 → 츄 → 츄 → 츄 → 츄 1,008자

슈 ← 슈 ← 슈 ← 슈 ← 슈 ← 슈 ← 슈 ← 슈 ← 슈 ← 슈 ← 슈 ← 슈
유 ← 유 ← 유 ← 유 ← 유 ← 유 ← 유 ← 유 ← 유 ← 유 ← 유 ← 유
쥬 ← 쥬 ← 쥬 ← 쥬 ← 쥬 ← 쥬 ← 쥬 ← 쥬 ← 쥬 ← 쥬 ← 쥬 ← 쥬
츄 ← 츄 ← 츄 ← 츄 ← 츄 ← 츄 ← 츄 ← 츄 ← 츄 ← 츄 ← 츄 ← 츄 1,056자

슈 → 슈 → 슈 → 슈 → 슈 → 슈 → 슈 → 슈 → 슈 → 슈 → 슈 → 슈
유 → 유 → 유 → 유 → 유 → 유 → 유 → 유 → 유 → 유 → 유 → 유
쥬 → 쥬 → 쥬 → 쥬 → 쥬 → 쥬 → 쥬 → 쥬 → 쥬 → 쥬 → 쥬 → 쥬
츄 → 츄 → 츄 → 츄 → 츄 → 츄 → 츄 → 츄 → 츄 → 츄 → 츄 → 츄 1,104자

슈 ← 슈 ← 슈 ← 슈 ← 슈 ← 슈 ← 슈 ← 슈 ← 슈 ← 슈 ← 슈 ← 슈
유 ← 유 ← 유 ← 유 ← 유 ← 유 ← 유 ← 유 ← 유 ← 유 ← 유 ← 유
쥬 ← 쥬 ← 쥬 ← 쥬 ← 쥬 ← 쥬 ← 쥬 ← 쥬 ← 쥬 ← 쥬 ← 쥬 ← 쥬
츄 ← 츄 ← 츄 ← 츄 ← 츄 ← 츄 ← 츄 ← 츄 ← 츄 ← 츄 ← 츄 ← 츄 1,152자

네 줄 스피드 속독 트레이닝 [4단계]

* 시점을 중심으로부터 훈련 기호 네 줄 씩을 최대한 많이 본 상태에서 화살표를 따라 안구를 좌·우로 이동하여 글을 읽듯이 최대한 빠르게 아래로 내려간다.
* 종합훈련 시 ①호~⑩호까지 연속으로 이동하여 (1분 단위로 측정) 글자 수를 기록한다.

← 시·점 →

1,200자

1,248자

1,296자

1,344자

네 줄 스피드 속독 트레이닝 [4단계] ❽

* 시점을 중심으로부터 훈련 기호 네 줄 씩을 최대한 많이 본 상태에서 화살표를 따라 안구를 좌·우로 이동하여 글을 읽듯이 최대한 빠르게 아래로 내려간다.
* 종합훈련 시 ①호~⑩호까지 연속으로 이동하여 (1분 단위로 측정) 글자 수를 기록한다.

← 시·점 →

1,392자

1,440자

1,488자

1,536자

네 줄 스피드 속독 트레이닝 [4단계]

* 시점을 중심으로부터 훈련 기호 네 줄 씩을 최대한 많이 본 상태에서 화살표를 따라 안구를 좌·우로 이동하여 글을 읽듯이 최대한 빠르게 아래로 내려간다.
* 종합훈련 시 ①호~⑩호까지 연속으로 이동하여 (1분 단위로 측정) 글자 수를 기록한다.

← 시·점 →

1,584자

1,632자

1,680자

1,728자

네 줄 스피드 속독 트레이닝 [4단계] ⑩

* 시점을 중심으로부터 훈련 기호 네 줄 씩을 최대한 많이 본 상태에서 화살표를 따라 안구를 좌·우로 이동하여 글을 읽듯이 최대한 빠르게 아래로 내려간다.
* 종합훈련 시 ①호~⑩호까지 연속으로 이동하여 (1분 단위로 측정) 글자 수를 기록한다.

← 시·점 →

1,776자

1,824자

1,872자

1,920자

 ## 스피드 속독 트레이닝 기록표

기록 향상을 위하여 매회 글자 수를 기록한다.

1차 　　　 자	11차 　　　 자	21차 　　　 자
2차 　　　 자	12차 　　　 자	22차 　　　 자
3차 　　　 자	13차 　　　 자	23차 　　　 자
4차 　　　 자	14차 　　　 자	24차 　　　 자
5차 　　　 자	15차 　　　 자	25차 　　　 자
6차 　　　 자	16차 　　　 자	26차 　　　 자
7차 　　　 자	17차 　　　 자	27차 　　　 자
8차 　　　 자	18차 　　　 자	28차 　　　 자
9차 　　　 자	19차 　　　 자	29차 　　　 자
10차 　　　 자	20차 　　　 자	30차 　　　 자

트레이닝 기록표

시력 향상을 위한 눈 체조 [5]

* 시점을 중심에 두고 화살표(→) 방향으로 좌에서 우로, 우에서 좌로 총 5회를 빠르게 반복 이동한다.

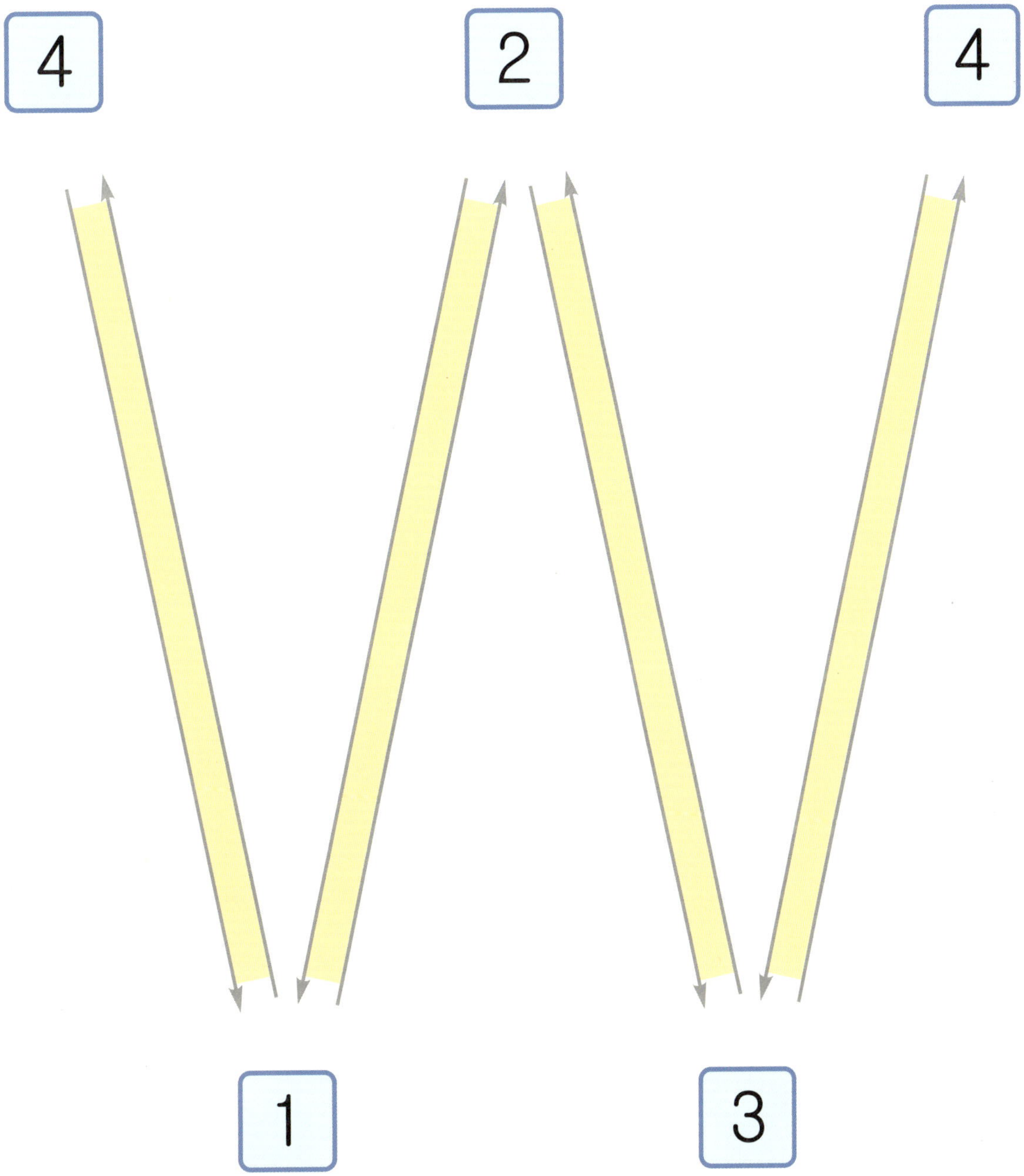

 **눈 체조 [5]** 훈련 기록표

시력 향상을 위하여 매회 소요시간을 기록한다.

1차	초	11차	초	21차	초
2차	초	12차	초	22차	초
3차	초	13차	초	23차	초
4차	초	14차	초	24차	초
5차	초	15차	초	25차	초
6차	초	16차	초	26차	초
7차	초	17차	초	27차	초
8차	초	18차	초	28차	초
9차	초	19차	초	29차	초
10차	초	20차	초	30차	초

다섯 글자 인지훈련 — 스피드 측정 5

*좌·우측에 있는 글자를 먼저 인지하고 그 줄의 같은 글자를 빠르게 인지한다.

피아니스트 ⇨ 입시설명회 고교마라톤 국제영화제 명품아파트
예술위원장 국제어학원 피아니스트 한국어문회
종합일간지 월드베스트 관리사무소 현대중공업

타임지선정 성공이벤트 야전사령관 학습멘토링
글로벌인재 열성등산족 온라인수업 전용경기장 ⇦ 세계선수권
안중근의사 세계선수권 사회계약론 서울대총장

창업컨설트 ⇨ 컨트리클럽 최대통신사 직원공제회 인터내셔날
헬스케어전 도시형생활 해외수출입 창업컨설트
월드디자인 퇴출부메랑 투자대학생 주식시세표

예술위원장 입시설명회 국제영화제 명품아파트
고교마라톤 피아니스트 한국어문회 국제어학원 ⇦ 종합일간지
관리사무소 월드베스트 종합일간지 현대중공업

성공이벤트 ⇨ 전용경기장 사회계약론 학습멘토링 서울대총장
글로벌인재 열성등산족 온라인수업 타임지선정
안중근의사 세계선수권 야전사령관 성공이벤트

투자대학생 주식시세표 직원공제회 월드디자인
헬스케어전 창업컨설트 도시형생활 해외수출입 ⇦ 컨트리클럽
인터내셔날 퇴출부메랑 컨트리클럽 최대통신사

월드베스트 ⇨ 현대중공업 고교마라톤 예술위원장 국제어학원
국제영화제 명품아파트 월드베스트 한국어문회
피아니스트 관리사무소 종합일간지 입시설명회

 다섯 글자 인지훈련 기록표[5]

[소요시간 : 15초 내 주파]

실력 향상을 위하여 매회 소요시간을 기록한다.

1차	초	11차	초	21차	초
2차	초	12차	초	22차	초
3차	초	13차	초	23차	초
4차	초	14차	초	24차	초
5차	초	15차	초	25차	초
6차	초	16차	초	26차	초
7차	초	17차	초	27차	초
8차	초	18차	초	28차	초
9차	초	19차	초	29차	초
10차	초	20차	초	30차	초

다섯 줄 스피드 속독 트레이닝 [5단계] ①

* 시점을 중심으로부터 훈련 기호 다섯 줄씩 최대한 많이 본 상태에서 화살표를 따라 안구를 좌·우로 이동하여 글을 읽듯이 최대한 빠르게 아래로 내려간다.
* 종합훈련 시 ①호~⑩호까지 연속으로 이동하여 (1분 단위로 측정) 글자 수를 기록한다.

← 시·점 →

그 → 그 → 그 → 그 → 그 → 그 → 그 → 그 → 그 → 그 → 그 → 그
느 → 느 → 느 → 느 → 느 → 느 → 느 → 느 → 느 → 느 → 느 → 느
드 → 드 → 드 → 드 → 드 → 드 → 드 → 드 → 드 → 드 → 드 → 드
르 → 르 → 르 → 르 → 르 → 르 → 르 → 르 → 르 → 르 → 르 → 르
므 → 므 → 므 → 므 → 므 → 므 → 므 → 므 → 므 → 므 → 므 → 므   60자

그 ← 그 ← 그 ← 그 ← 그 ← 그 ← 그 ← 그 ← 그 ← 그 ← 그 ← 그
느 ← 느 ← 느 ← 느 ← 느 ← 느 ← 느 ← 느 ← 느 ← 느 ← 느 ← 느
드 ← 드 ← 드 ← 드 ← 드 ← 드 ← 드 ← 드 ← 드 ← 드 ← 드 ← 드
르 ← 르 ← 르 ← 르 ← 르 ← 르 ← 르 ← 르 ← 르 ← 르 ← 르 ← 르
므 ← 므 ← 므 ← 므 ← 므 ← 므 ← 므 ← 므 ← 므 ← 므 ← 므 ← 므   120자

그 → 그 → 그 → 그 → 그 → 그 → 그 → 그 → 그 → 그 → 그 → 그
느 → 느 → 느 → 느 → 느 → 느 → 느 → 느 → 느 → 느 → 느 → 느
드 → 드 → 드 → 드 → 드 → 드 → 드 → 드 → 드 → 드 → 드 → 드
르 → 르 → 르 → 르 → 르 → 르 → 르 → 르 → 르 → 르 → 르 → 르
므 → 므 → 므 → 므 → 므 → 므 → 므 → 므 → 므 → 므 → 므 → 므   180자

다섯 줄 스피드 속독 트레이닝 [5단계]

* 시점을 중심으로부터 훈련 기호 다섯 줄씩 최대한 많이 본 상태에서 화살표를 따라 안구를 좌·우로 이동하여 글을 읽듯이 최대한 빠르게 아래로 내려간다.
* 종합훈련 시 ①호~⑩호까지 연속으로 이동하여 (1분 단위로 측정) 글자 수를 기록한다.

← 시·점 →

브→브→브→브→브→브→브→브→브→브→브→브
스→스→스→스→스→스→스→스→스→스→스→스
으→으→으→으→으→으→으→으→으→으→으→으
즈→즈→즈→즈→즈→즈→즈→즈→즈→즈→즈→즈
츠→츠→츠→츠→츠→츠→츠→츠→츠→츠→츠→츠 240자

브←브←브←브←브←브←브←브←브←브←브←브
스←스←스←스←스←스←스←스←스←스←스←스
으←으←으←으←으←으←으←으←으←으←으←으
즈←즈←즈←즈←즈←즈←즈←즈←즈←즈←즈←즈
츠←츠←츠←츠←츠←츠←츠←츠←츠←츠←츠←츠 300자

브→브→브→브→브→브→브→브→브→브→브→브
스→스→스→스→스→스→스→스→스→스→스→스
으→으→으→으→으→으→으→으→으→으→으→으
즈→즈→즈→즈→즈→즈→즈→즈→즈→즈→즈→즈
츠→츠→츠→츠→츠→츠→츠→츠→츠→츠→츠→츠 360자

다섯 줄 스피드 속독 트레이닝 5단계

다섯 줄 스피드 속독 트레이닝 [5단계] ❸

* 시점을 중심으로부터 훈련 기호 다섯 줄씩 최대한 많이 본 상태에서 화살표를 따라 안구를 좌·우로 이동하여 글을 읽듯이 최대한 빠르게 아래로 내려간다.
* 종합훈련 시 ①호~⑩호까지 연속으로 이동하여 (1분 단위로 측정) 글자 수를 기록한다.

← 시·점 →

420자

480자

540자

다섯 줄 스피드 속독 트레이닝 5단계

다섯 줄 스피드 속독 트레이닝 [5단계]

* 시점을 중심으로부터 훈련 기호 다섯 줄씩 최대한 많이 본 상태에서 화살표를 따라 안구를 좌·우로 이동하여 글을 읽듯이 최대한 빠르게 아래로 내려간다.
* 종합훈련 시 ①호~⑩호까지 연속으로 이동하여 (1분 단위로 측정) 글자 수를 기록한다.

← 시·점 →

니→니→니→니→니→니→니→니→니→니→니→니
디→디→디→디→디→디→디→디→디→디→디→디
리→리→리→리→리→리→리→리→리→리→리→리
미→미→미→미→미→미→미→미→미→미→미→미
비→비→비→비→비→비→비→비→비→비→비→비 600자

니←니←니←니←니←니←니←니←니←니←니←니
디←디←디←디←디←디←디←디←디←디←디←디
리←리←리←리←리←리←리←리←리←리←리←리
미←미←미←미←미←미←미←미←미←미←미←미
비←비←비←비←비←비←비←비←비←비←비←비 660자

니→니→니→니→니→니→니→니→니→니→니→니
디→디→디→디→디→디→디→디→디→디→디→디
리→리→리→리→리→리→리→리→리→리→리→리
미→미→미→미→미→미→미→미→미→미→미→미
비→비→비→비→비→비→비→비→비→비→비→비 720자

다섯 줄 스피드 속독 트레이닝 5단계

다섯 줄 스피드 속독 트레이닝 [5단계]

* 시점을 중심으로부터 훈련 기호 다섯 줄씩 최대한 많이 본 상태에서 화살표를 따라 안구를 좌·우로 이동하여 글을 읽듯이 최대한 빠르게 아래로 내려간다.
* 종합훈련 시 ①호~⑩호까지 연속으로 이동하여 (1분 단위로 측정) 글자 수를 기록한다.

← 시·점 →

시 → 시 → 시 → 시 → 시 → 시 → 시 → 시 → 시 → 시 → 시
이 → 이 → 이 → 이 → 이 → 이 → 이 → 이 → 이 → 이 → 이
지 → 지 → 지 → 지 → 지 → 지 → 지 → 지 → 지 → 지 → 지
치 → 치 → 치 → 치 → 치 → 치 → 치 → 치 → 치 → 치 → 치
키 → 키 → 키 → 키 → 키 → 키 → 키 → 키 → 키 → 키 → 키   780자

시 ← 시 ← 시 ← 시 ← 시 ← 시 ← 시 ← 시 ← 시 ← 시 ← 시
이 ← 이 ← 이 ← 이 ← 이 ← 이 ← 이 ← 이 ← 이 ← 이 ← 이
지 ← 지 ← 지 ← 지 ← 지 ← 지 ← 지 ← 지 ← 지 ← 지 ← 지
치 ← 치 ← 치 ← 치 ← 치 ← 치 ← 치 ← 치 ← 치 ← 치 ← 치
키 ← 키 ← 키 ← 키 ← 키 ← 키 ← 키 ← 키 ← 키 ← 키 ← 키   840자

시 → 시 → 시 → 시 → 시 → 시 → 시 → 시 → 시 → 시 → 시
이 → 이 → 이 → 이 → 이 → 이 → 이 → 이 → 이 → 이 → 이
지 → 지 → 지 → 지 → 지 → 지 → 지 → 지 → 지 → 지 → 지
치 → 치 → 치 → 치 → 치 → 치 → 치 → 치 → 치 → 치 → 치
키 → 키 → 키 → 키 → 키 → 키 → 키 → 키 → 키 → 키 → 키   900자

다섯 줄 스피드 속독 트레이닝 [5단계]

* 시점을 중심으로부터 훈련 기호 다섯 줄씩 최대한 많이 본 상태에서 화살표를 따라 안구를 좌·우로 이동하여 글을 읽듯이 최대한 빠르게 아래로 내려간다.
* 종합훈련 시 ①호~⑩호까지 연속으로 이동하여 (1분 단위로 측정) 글자 수를 기록한다.

← 시·점 →

960자

1,020자

1,080자

다섯 줄 스피드 속독 트레이닝 [5단계] ❼

* 시점을 중심으로부터 훈련 기호 다섯 줄씩 최대한 많이 본 상태에서 화살표를 따라 안구를 좌·우로 이동하여 글을 읽듯이 최대한 빠르게 아래로 내려간다.
* 종합훈련 시 ①호~⑩호까지 연속으로 이동하여 (1분 단위로 측정) 글자 수를 기록한다.

← 시 · 점 →

1,140자

1,200자

1,260자

다섯 줄 스피드 속독 트레이닝 5단계

다섯 줄 스피드 속독 트레이닝 [5단계]

* 시점을 중심으로부터 훈련 기호 다섯 줄씩 최대한 많이 본 상태에서 화살표를 따라 안구를 좌·우로 이동하여 글을 읽듯이 최대한 빠르게 아래로 내려간다.
* 종합훈련 시 ①호~⑩호까지 연속으로 이동하여 (1분 단위로 측정) 글자 수를 기록한다.

← 시·점 →

1,320자

1,380자

1,440자

다섯 줄 스피드 속독 트레이닝 5단계

다섯 줄 스피드 속독 트레이닝 [5단계] ❾

* 시점을 중심으로부터 훈련 기호 다섯 줄씩 최대한 많이 본 상태에서 화살표를 따라 안구를 좌·우로 이동하여 글을 읽듯이 최대한 빠르게 아래로 내려간다.
* 종합훈련 시 ①호~⑩호까지 연속으로 이동하여 (1분 단위로 측정) 글자 수를 기록한다.

← 시·점 →

프 → 프 → 프 → 프 → 프 → 프 → 프 → 프 → 프 → 프 → 프 → 프
흐 → 흐 → 흐 → 흐 → 흐 → 흐 → 흐 → 흐 → 흐 → 흐 → 흐 → 흐
기 → 기 → 기 → 기 → 기 → 기 → 기 → 기 → 기 → 기 → 기 → 기
니 → 니 → 니 → 니 → 니 → 니 → 니 → 니 → 니 → 니 → 니 → 니
디 → 디 → 디 → 디 → 디 → 디 → 디 → 디 → 디 → 디 → 디 → 디   1,500자

프 ← 프 ← 프 ← 프 ← 프 ← 프 ← 프 ← 프 ← 프 ← 프 ← 프 ← 프
흐 ← 흐 ← 흐 ← 흐 ← 흐 ← 흐 ← 흐 ← 흐 ← 흐 ← 흐 ← 흐 ← 흐
기 ← 기 ← 기 ← 기 ← 기 ← 기 ← 기 ← 기 ← 기 ← 기 ← 기 ← 기
니 ← 니 ← 니 ← 니 ← 니 ← 니 ← 니 ← 니 ← 니 ← 니 ← 니 ← 니
디 ← 디 ← 디 ← 디 ← 디 ← 디 ← 디 ← 디 ← 디 ← 디 ← 디 ← 디   1,560자

프 → 프 → 프 → 프 → 프 → 프 → 프 → 프 → 프 → 프 → 프 → 프
흐 → 흐 → 흐 → 흐 → 흐 → 흐 → 흐 → 흐 → 흐 → 흐 → 흐 → 흐
기 → 기 → 기 → 기 → 기 → 기 → 기 → 기 → 기 → 기 → 기 → 기
니 → 니 → 니 → 니 → 니 → 니 → 니 → 니 → 니 → 니 → 니 → 니
디 → 디 → 디 → 디 → 디 → 디 → 디 → 디 → 디 → 디 → 디 → 디   1,620자

다섯 줄 스피드 속독 트레이닝 [5단계]

* 시점을 중심으로부터 훈련 기호 다섯 줄씩 최대한 많이 본 상태에서 화살표를 따라 안구를 좌·우로 이동하여 글을 읽듯이 최대한 빠르게 아래로 내려간다.
* 종합훈련 시 ①호~⑩호까지 연속으로 이동하여 (1분 단위로 측정) 글자 수를 기록한다.

← 시·점 →

리 → 리 → 리 → 리 → 리 → 리 → 리 → 리 → 리 → 리 → 리
미 → 미 → 미 → 미 → 미 → 미 → 미 → 미 → 미 → 미 → 미
비 → 비 → 비 → 비 → 비 → 비 → 비 → 비 → 비 → 비 → 비
시 → 시 → 시 → 시 → 시 → 시 → 시 → 시 → 시 → 시 → 시
이 → 이 → 이 → 이 → 이 → 이 → 이 → 이 → 이 → 이 → 이   1,680자

리 ← 리 ← 리 ← 리 ← 리 ← 리 ← 리 ← 리 ← 리 ← 리 ← 리
미 ← 미 ← 미 ← 미 ← 미 ← 미 ← 미 ← 미 ← 미 ← 미 ← 미
비 ← 비 ← 비 ← 비 ← 비 ← 비 ← 비 ← 비 ← 비 ← 비 ← 비
시 ← 시 ← 시 ← 시 ← 시 ← 시 ← 시 ← 시 ← 시 ← 시 ← 시
이 ← 이 ← 이 ← 이 ← 이 ← 이 ← 이 ← 이 ← 이 ← 이 ← 이   1,740자

리 → 리 → 리 → 리 → 리 → 리 → 리 → 리 → 리 → 리 → 리
미 → 미 → 미 → 미 → 미 → 미 → 미 → 미 → 미 → 미 → 미
비 → 비 → 비 → 비 → 비 → 비 → 비 → 비 → 비 → 비 → 비
시 → 시 → 시 → 시 → 시 → 시 → 시 → 시 → 시 → 시 → 시
이 → 이 → 이 → 이 → 이 → 이 → 이 → 이 → 이 → 이 → 이   1,800자

스피드 속독 트레이닝 기록표

기록 향상을 위하여 매회 글자수를 기록한다.

1차 　　자	11차 　　자	21차 　　자
2차 　　자	12차 　　자	22차 　　자
3차 　　자	13차 　　자	23차 　　자
4차 　　자	14차 　　자	24차 　　자
5차 　　자	15차 　　자	25차 　　자
6차 　　자	16차 　　자	26차 　　자
7차 　　자	17차 　　자	27차 　　자
8차 　　자	18차 　　자	28차 　　자
9차 　　자	19차 　　자	29차 　　자
10차 　　자	20차 　　자	30차 　　자

기록 향상을 위한 눈 체조 [6]

✽ 시점을 중심에 두고 화살표(→) 방향으로 연속하여 총 10회를 빠르게 반복 이동한다.

 **눈 체조 [6]** 훈련 기록표

시력 향상을 위하여 매회 소요시간을 기록한다.

1차 초	11차 초	21차 초
2차 초	12차 초	22차 초
3차 초	13차 초	23차 초
4차 초	14차 초	24차 초
5차 초	15차 초	25차 초
6차 초	16차 초	26차 초
7차 초	17차 초	27차 초
8차 초	18차 초	28차 초
9차 초	19차 초	29차 초
10차 초	20차 초	30차 초

훈련 기록표

속독을 위한 한 글자 인지훈련 [6단계] 1호

* 시점을 중심에 두고 안구를 움직여 S자 형식으로 빠르게 인지한다.
* 집중하여 같은 낱말이 몇 개가 있는지 개수를 헤아리며 이동한다.
* 1~10호까지 같은 낱말의 개수가 맞는지 확인하고 소요시간을 기록한다.

← 시·점 →

한 글자 인지문제 (정답 : 288쪽)

→ 월 → 화 → 수 → 목 → 금 → 토 → 일 →

← 도 ← 레 ← 미 ← 파 ← 솔 ← 라 ← 시 ←

→ 금 → 강 → 도 → 달 → 라 → 수 → 차 →

← 국 ← 레 ← 철 ← 양 ← 월 ← 시 ←

→ 솔 → 말 → 목 → 책 → 미 → 일 → 배 →

← 용 ← 토 ← 귤 ← 밤 ← 화 ← 소 ←

→ 월 → 봄 → 파 → 방 → 달 → 별 → 눈 →

← 도 ← 수 ← 감 ← 눈 ← 목 ← 강 ←

→ 라 → 양 → 금 → 국 → 시 → 솔 → 차 →

← 공 ← 일 ← 배 ← 생 ← 월 ← 말 ←

→ 밤 → 토 → 미 → 수 → 용 → 코 → 라 →

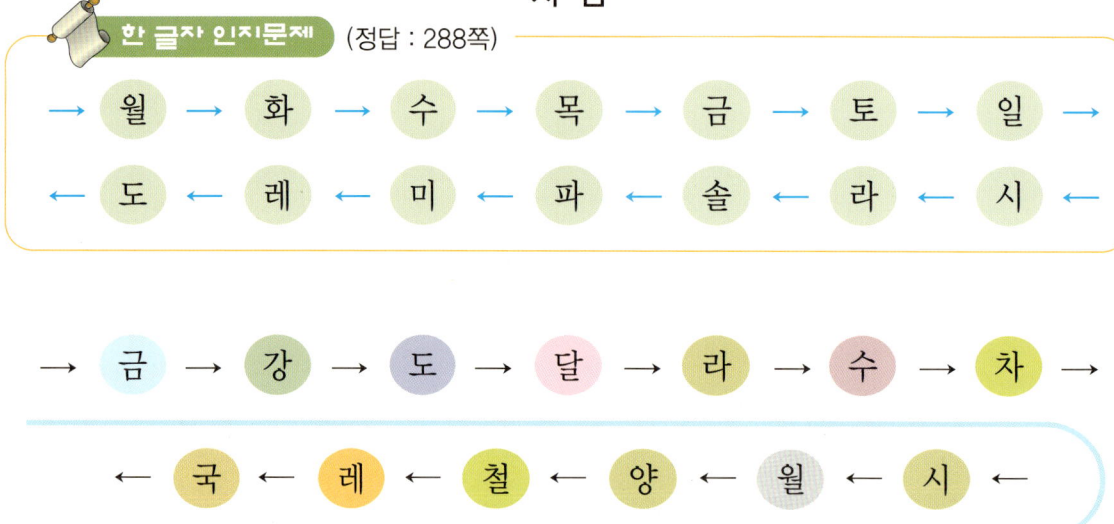

 # 속독을 위한 한 글자 인지훈련　[6단계]　

* 시점을 중심에 두고 안구를 움직여 S자 형식으로 빠르게 인지한다.
* 집중하여 같은 낱말이 몇 개가 있는지 개수를 헤아리며 이동한다.
* ❶~❿호까지 같은 낱말의 개수가 맞는지 확인하고 소요시간을 기록한다.

← 시·점 →

→ 닭 → 소 → 파 → 눈 → 별 → 화 → 방 →
← 봄 ← 월 ← 닭 ← 감 ← 토 ← 눈 ←
→ 강 → 일 → 차 → 국 → 비 → 금 → 양 →
← 공 ← 배 ← 파 ← 책 ← 월 ← 말 ←
→ 귤 → 레 → 밤 → 수 → 눈 → 라 → 별 →
← 월 ← 방 ← 봄 ← 솔 ← 손 ← 도 ←
→ 감 → 토 → 눈 → 닭 → 목 → 미 → 차 →
← 국 ← 도 ← 양 ← 월 ← 공 ← 배 ←
→ 책 → 말 → 화 → 시 → 파 → 용 → 귤 →
← 금 ← 소 ← 솔 ← 눈 ← 일 ← 별 ←
→ 방 → 봄 → 월 → 손 → 라 → 레 → 라 →

속독을 위한 한 글자 인지훈련 [6단계]

* 시점을 중심에 두고 안구를 움직여 S자 형식으로 빠르게 인지한다.
* 집중하여 같은 낱말이 몇 개가 있는지 개수를 헤아리며 이동한다.
* ①~⑩호까지 같은 낱말의 개수가 맞는지 확인하고 소요시간을 기록한다.

← 시·점 →

→ 레 → 시 → 수 → 솔 → 파 → 강 → 도 →
← 미 ← 양 ← 철 ← 얼 ← 국 ← 차 ←
→ 라 → 도 → 책 → 솔 → 말 → 목 → 코 →
← 용 ← 월 ← 귤 ← 밤 ← 달 ← 소 ←
→ 병 → 방 → 일 → 봄 → 손 → 금 → 라 →
← 솔 ← 감 ← 시 ← 화 ← 강 ← 공 ←
→ 양 → 파 → 철 → 토 → 국 → 공 → 배 →
← 밤 ← 수 ← 라 ← 소 ← 레 ← 눈 ←
→ 별 → 밤 → 도 → 봄 → 닭 → 월 → 감 →
← 눈 ← 목 ← 강 ← 미 ← 일 ← 국 ←
→ 양 → 공 → 화 → 배 → 책 → 말 → 달 →

속독을 위한 한 글자 인지훈련 　[6단계] 　❹호

* 시점을 중심에 두고 안구를 움직여 S자 형식으로 빠르게 인지한다.
* 집중하여 같은 낱말이 몇 개가 있는지 개수를 헤아리며 이동한다.
* ❶~❿호까지 같은 낱말의 개수가 맞는지 확인하고 소요시간을 기록한다.

← 시·점 →

→ 용 → 솔 → 목 → 시 → 토 → 달 → 수 →
← 일 ← 밤 ← 소 ← 월 ← 별 ← 파 ←
→ 방 → 봄 → 도 → 순 → 감 → 미 → 눈 →
← 강 ← 달 ← 차 ← 국 ← 화 ← 양 ←
→ 레 → 공 → 금 → 배 → 책 → 말 → 일 →
← 용 ← 토 ← 수 ← 밤 ← 미 ← 소 ←
→ 눈 → 별 → 월 → 방 → 봄 → 도 → 손 →
← 감 ← 파 ← 솔 ← 시 ← 목 ← 강 ←
→ 차 → 일 → 국 → 철 → 레 → 공 → 달 →
← 비 ← 배 ← 책 ← 금 ← 말 ← 용 ←
→ 토 → 밤 → 라 → 소 → 수 → 눈 → 시 →

속독을 위한 한 글자 인지훈련 [6단계]

* 시점을 중심에 두고 안구를 움직여 S자 형식으로 빠르게 인지한다.
* 집중하여 같은 낱말이 몇 개가 있는지 개수를 헤아리며 이동한다.
* ❶~❿호까지 같은 낱말의 개수가 맞는지 확인하고 소요시간을 기록한다.

← 시·점 →

→ 파 → 별 → 화 → 방 → 달 → 봄 → 금 →
← 레 ← 라 ← 토 ← 감 ← 눈 ← 강 ←
→ 차 → 수 → 국 → 미 → 철 → 월 → 공 →
← 도 ← 배 ← 금 ← 책 ← 달 ← 말 ←
→ 용 → 일 → 라 → 수 → 밤 → 솔 → 소 →
← 눈 ← 레 ← 방 ← 봄 ← 토 ← 닭 ←
→ 미 → 손 → 감 → 월 → 눈 → 감 → 강 →
← 시 ← 차 ← 국 ← 목 ← 양 ← 파 ←
→ 공 → 배 → 달 → 책 → 말 → 라 → 용 →
← 굴 ← 레 ← 밤 ← 화 ← 눈 ← 별 ←
→ 방 → 금 → 봄 → 시 → 미 → 손 → 도 →

속독을 위한 한 글자 인지훈련 [6단계] 6호

* 시점을 중심에 두고 안구를 움직여 S자 형식으로 빠르게 인지한다.
* 집중하여 같은 낱말이 몇 개가 있는지 개수를 헤아리며 이동한다.
* ❶~❿호까지 같은 낱말의 개수가 맞는지 확인하고 소요시간을 기록한다.

← 시·점 →

→ 일 → 감 → 도 → 눈 → 달 → 강 → 월 →
← 미 ← 화 ← 양 ← 공 ← 파 ← 배 ←
→ 책 → 솔 → 토 → 말 → 목 → 코 → 용 →
← 밤 ← 파 ← 시 ← 눈 ← 화 ← 별 ←
→ 방 → 봄 → 달 → 수 → 눈 → 라 → 별 →
← 밤 ← 도 ← 봄 ← 미 ← 금 ← 감 ←
→ 눈 → 강 → 월 → 차 → 국 → 레 → 소 →
← 파 ← 양 ← 공 ← 토 ← 배 ← 말 ←
→ 코 → 목 → 용 → 달 → 밤 → 일 → 눈 →
← 소 ← 화 ← 방 ← 봄 ← 시 ← 손 ←
→ 금 → 감 → 눈 → 솔 → 강 → 차 → 수 →

속독을 위한 한 글자 인지훈련 [6단계]

* 시점을 중심에 두고 안구를 움직여 S자 형식으로 빠르게 인지한다.
* 집중하여 같은 낱말이 몇 개가 있는지 개수를 헤아리며 이동한다.
* ❶~❿호까지 같은 낱말의 개수가 맞는지 확인하고 소요시간을 기록한다.

← 시·점 →

→ 국 → 철 → 금 → 솔 → 공 → 화 → 배 →
← 달 ← 시 ← 말 ← 레 ← 코 ← 토 ←
→ 용 → 수 → 밤 → 소 → 월 → 눈 → 별 →
← 미 ← 방 ← 금 ← 봄 ← 일 ← 감 ←
→ 레 → 손 → 파 → 강 → 목 → 차 → 국 →
← 라 ← 양 ← 토 ← 공 ← 배 ← 솔 ←
→ 책 → 화 → 말 → 코 → 도 → 용 → 달 →
← 밤 ← 일 ← 소 ← 수 ← 별 ← 방 ←
→ 몸 → 목 → 감 → 시 → 눈 → 레 → 손 →
← 솔 ← 강 ← 차 ← 파 ← 국 ← 화 ←
→ 양 → 공 → 금 → 배 → 책 → 목 → 말 →

속독을 위한 한 글자 인지훈련 6단계

속독을 위한 한 글자 인지훈련 [6단계] ❽호

* 시점을 중심에 두고 안구를 움직여 S자 형식으로 빠르게 인지한다.
* 집중하여 같은 낱말이 몇 개가 있는지 개수를 헤아리며 이동한다.
* ❶~❿호까지 같은 낱말의 개수가 맞는지 확인하고 소요시간을 기록한다.

← 시·점 →

→ 월 → 귤 → 시 → 레 → 밤 → 귤 → 소 →
← 솔 ← 눈 ← 파 ← 달 ← 별 ← 수 ←
→ 손 → 도 → 봄 → 감 → 화 → 눈 → 강 →
← 라 ← 차 ← 국 ← 목 ← 양 ← 미 ←
→ 토 → 공 → 시 → 배 → 레 → 책 → 말 →
← 수 ← 용 ← 달 ← 토 ← 밤 ← 소 ←
→ 눈 → 일 → 솔 → 월 → 방 → 파 → 봄 →
← 손 ← 미 ← 감 ← 목 ← 눈 ← 강 ←
→ 차 → 국 → 화 → 양 → 레 → 공 → 배 →
← 책 ← 파 ← 말 ← 금 ← 용 ← 시 ←
→ 밤 → 목 → 소 → 라 → 눈 → 도 → 별 →

속독을 위한 한 글자 인지훈련 [6단계] ❾호

* 시점을 중심에 두고 안구를 움직여 S자 형식으로 빠르게 인지한다.
* 집중하여 같은 낱말이 몇 개가 있는지 개수를 헤아리며 이동한다.
* ❶~❿호까지 같은 낱말의 개수가 맞는지 확인하고 소요시간을 기록한다.

← 시·점 →

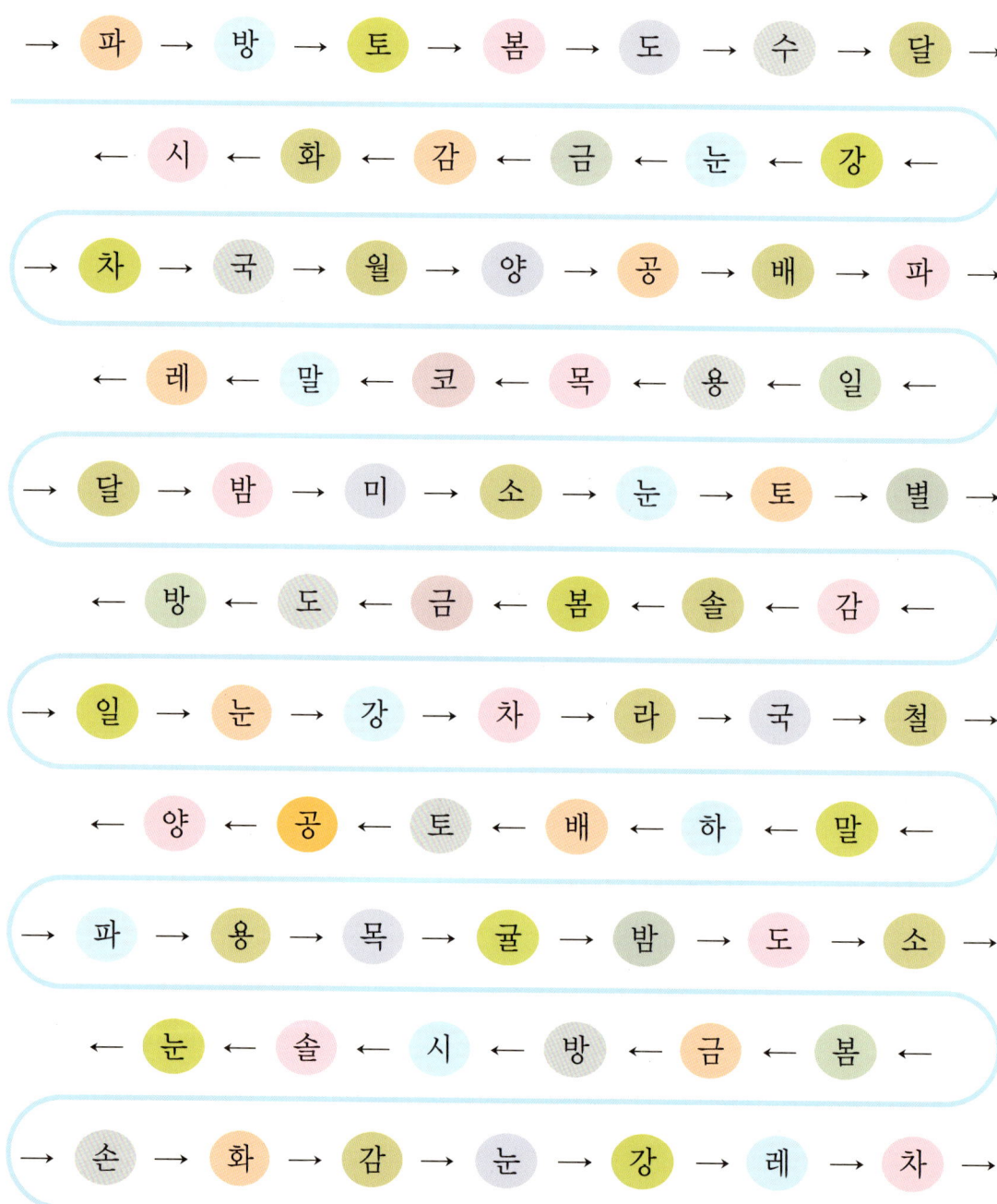

속독을 위한 한 글자 인지훈련 [6단계] ⑩호

* 시점을 중심에 두고 안구를 움직여 S자 형식으로 빠르게 인지한다.
* 집중하여 같은 낱말이 몇 개가 있는지 개수를 헤아리며 이동한다.
* ❶~❿호까지 같은 낱말의 개수가 맞는지 확인하고 소요시간을 기록한다.

← 시·점 →

→ 솔 → 도 → 철 → 양 → 화 → 공 → 미 →
← 배 ← 토 ← 책 ← 라 ← 말 ← 일 ←
→ 용 → 금 → 시 → 밤 → 목 → 소 → 눈 →
← 수 ← 별 ← 방 ← 달 ← 간 ← 강 ←
→ 차 → 미 → 손 → 금 → 국 → 레 → 철 →
← 공 ← 일 ← 배 ← 솔 ← 월 ← 말 ←
→ 파 → 코 → 용 → 토 → 밤 → 소 → 눈 →
← 별 ← 목 ← 방 ← 라 ← 달 ← 감 ←
→ 도 → 차 → 국 → 수 → 철 → 양 → 솔 →
← 공 ← 화 ← 배 ← 파 ← 토 ← 말 ←
→ 레 → 용 → 금 → 굴 → 밤 → 목 → 소 →

한 글자 스피드 인지훈련 기록표

* 낱말의 개수 오차 +- 하나 차이는 합격으로 인정한다.
* 실력 향상을 위하여 매회 소요시간을 기록한다.

낱말 명	1차 기록	2차 기록	3차 기록	4차 기록
월	분 초	분 초	분 초	분 초
화	분 초	분 초	분 초	분 초
수	분 초	분 초	분 초	분 초
목	분 초	분 초	분 초	분 초
금	분 초	분 초	분 초	분 초
토	분 초	분 초	분 초	분 초
일	분 초	분 초	분 초	분 초
도	분 초	분 초	분 초	분 초
레	분 초	분 초	분 초	분 초
미	분 초	분 초	분 초	분 초
파	분 초	분 초	분 초	분 초
솔	분 초	분 초	분 초	분 초
라	분 초	분 초	분 초	분 초
시	분 초	분 초	분 초	분 초

인지 훈련 기록표

시력 향상을 위한 눈 체조 [7]

* 시점을 중심에 두고 화살표(→) 방향으로 연속하여 총 10회를 빠르게 반복 이동한다.

 **눈 체조 [7]** 훈련 기록표

시력 향상을 위하여 매회 소요시간을 기록한다.

1차	초	11차	초	21차	초
2차	초	12차	초	22차	초
3차	초	13차	초	23차	초
4차	초	14차	초	24차	초
5차	초	15차	초	25차	초
6차	초	16차	초	26차	초
7차	초	17차	초	27차	초
8차	초	18차	초	28차	초
9차	초	19차	초	29차	초
10차	초	20차	초	30차	초

속독을 위한 두 글자 인지훈련 [7단계] ①호

* 시점을 중심에 두고 안구를 움직여 S자 형식으로 빠르게 인지한다.
* 집중하여 같은 낱말이 몇 개가 있는지 개수를 헤아리며 이동한다.
* ①~⑩호까지 같은 낱말의 개수가 맞는지 확인하고 소요시간을 기록한다.

← 시·점 →

두 글자 인지문제

→ 스키 → 한강 → 국제 → 소비 → 투자 → 정보 →
← 기업 ← 설비 ← 개방 ← 기계 ← 전망 ← 유럽 ←

→ 국제 → 투자 → 성공 → 도약 → 조업 → 한강 →
← 소비 ← 정부 ← 한식 ← 중동 ← 개방 ←
→ 발령 → 설비 → 전망 → 시장 → 정보 → 개혁 →
← 기계 ← 성장 ← 스키 ← 유럽 ← 영어 ←
→ 정보 → 배치 → 승진 → 창업 → 문제 → 국제 →
← 철새 ← 한강 ← 착공 ← 석유 ← 경쟁 ←
→ 소비 → 논문 → 개방 → 기술 → 투자 → 호평 →
← 스키 ← 특징 ← 패션 ← 기업 ← 매장 ←
→ 투자 → 설비 → 한국 → 정보 → 희망 → 한강 →

속독을 위한 두 글자 인지훈련 [7단계]

* 시점을 중심에 두고 안구를 움직여 S자 형식으로 빠르게 인지한다.
* 집중하여 같은 낱말이 몇 개가 있는지 개수를 헤아리며 이동한다.
* ①~⑩호까지 같은 낱말의 개수가 맞는지 확인하고 소요시간을 기록한다.

← 시·점 →

→ 전망 → 한강 → 성공 → 발령 → 소비 → 정부 →
← 시장 ← 도약 ← 영어 ← 개방 ← 배치 ←
→ 유럽 → 승진 → 기업 → 착공 → 국제 → 창업 →
← 중동 ← 철새 ← 투자 ← 개혁 ← 한식 ←
→ 석유 → 조업 → 문제 → 성장 → 전망 → 경쟁 →
← 배치 ← 국제 ← 승진 ← 설비 ← 논문 ←
→ 기술 → 정보 → 호평 → 도약 → 기계 → 시장 →
← 정부 ← 창업 ← 한강 ← 착공 ← 발령 ←
→ 전망 → 소비 → 철새 → 성공 → 영어 → 투자 →
← 시장 ← 개혁 ← 유럽 ← 기업 ← 조업 ←
→ 경쟁 → 설비 → 중동 → 전망 → 스키 → 국제 →

속독을 위한 두 글자 인지훈련 7단계

속독을 위한 두 글자 인지훈련   [7단계]

* 시점을 중심에 두고 안구를 움직여 S자 형식으로 빠르게 인지한다.
* 집중하여 같은 낱말이 몇 개가 있는지 개수를 헤아리며 이동한다.
* ①~⑩호까지 같은 낱말의 개수가 맞는지 확인하고 소요시간을 기록한다.

← 시·점 →

→ 한식 → 개혁 → 투자 → 창업 → 중동 → 설비 →

← 국제 ← 경쟁 ← 배치 ← 한강 ← 석유 ←

→ 착공 → 기업 → 발령 → 정부 → 승진 → 정보 →

← 개방 ← 시장 ← 기술 ← 유럽 ← 기계 ←

→ 설비 → 논문 → 영어 → 전망 → 개혁 → 소비 →

← 창업 ← 성공 ← 스키 ← 석유 ← 투자 ←

→ 기계 → 승진 → 조업 → 문제 → 기업 → 착공 →

← 중동 ← 정보 ← 철새 ← 도약 ← 국제 ←

→ 발령 → 유럽 → 개방 → 성장 → 배치 → 시장 →

← 전망 ← 영어 ← 한식 ← 스키 ← 개혁 ←

→ 투자 → 기업 → 정부 → 기계 → 정보 → 성공 →

속독을 위한 두 글자 인지훈련 7단계   149

속독을 위한 두 글자 인지훈련 [7단계] ❹호

* 시점을 중심에 두고 안구를 움직여 S자 형식으로 빠르게 인지한다.
* 집중하여 같은 낱말이 몇 개가 있는지 개수를 헤아리며 이동한다.
* ❶~❿호까지 같은 낱말의 개수가 맞는지 확인하고 소요시간을 기록한다.

← 시·점 →

→ 한강 → 유럽 → 조업 → 착공 → 설비 → 국제 →

← 기계 ← 논문 ← 창업 ← 정보 ← 철새 ←

→ 배치 → 소비 → 석유 → 한식 → 호평 → 투자 →

← 문제 ← 성공 ← 개방 ← 경쟁 ← 개혁 ←

→ 스키 → 기술 → 정부 → 영어 → 기업 → 창업 →

← 설비 ← 도약 ← 승진 ← 중동 ← 한강 ←

→ 개혁 → 국제 → 한식 → 기계 → 발령 → 전망 →

← 철새 ← 정보 ← 조업 ← 석유 ← 소비 ←

→ 한식 → 성장 → 착공 → 스키 → 시장 → 배치 →

← 도약 ← 투자 ← 창업 ← 유럽 ← 개방 ←

→ 전망 → 한강 → 배치 → 국제 → 개혁 → 정부 →

속독을 위한 두 글자 인지훈련 [7단계] ❺호

* 시점을 중심에 두고 안구를 움직여 S자 형식으로 빠르게 인지한다.
* 집중하여 같은 낱말이 몇 개가 있는지 개수를 헤아리며 이동한다.
* ❶~❿호까지 같은 낱말의 개수가 맞는지 확인하고 소요시간을 기록한다.

← 시·점 →

→ 기계 → 기업 → 배치 → 개혁 → 한강 → 조업 →
← 개방 ← 경쟁 ← 중동 ← 문제 ← 전망 ←
→ 석유 → 발령 → 국제 → 성공 → 기술 → 유럽 →
← 소비 ← 창업 ← 영어 ← 기계 ← 철새 ←
→ 정부 → 착공 → 스키 → 승진 → 시장 → 도약 →
← 전망 ← 개방 ← 석유 ← 한식 ← 설비 ←
→ 영어 → 논문 → 중동 → 투자 → 발령 → 배치 →
← 문제 ← 기업 ← 경쟁 ← 개혁 ← 착공 ←
→ 시장 → 기계 → 석유 → 성장 → 소비 → 창업 →
← 정보 ← 승진 ← 정부 ← 철새 ← 전망 ←
→ 설비 → 조업 → 영어 → 유럽 → 스키 → 개방 →

속독을 위한 두 글자 인지훈련 [7단계] ❻호

* 시점을 중심에 두고 안구를 움직여 S자 형식으로 빠르게 인지한다.
* 집중하여 같은 낱말이 몇 개가 있는지 개수를 헤아리며 이동한다.
* ❶~❿호까지 같은 낱말의 개수가 맞는지 확인하고 소요시간을 기록한다.

← 시·점 →

→ 도약 → 성장 → 기계 → 승진 → 국제 → 중동 →
← 석유 ← 한강 ← 논문 ← 발령 ← 착공 ←
→ 배치 → 정보 → 영어 → 정부 → 창업 → 스키 →
← 개혁 ← 철새 ← 성공 ← 투자 ← 석유 ←
→ 승진 → 한식 → 설비 → 경쟁 → 시장 → 개방 →
← 스키 ← 창업 ← 전망 ← 호평 ← 배치 ←
→ 기계 → 발령 → 문제 → 조업 → 기술 → 정보 →
← 중동 ← 유럽 ← 국제 ← 논문 ← 개혁 ←
→ 개방 → 착공 → 소비 → 석유 → 도약 → 한식 →
← 시장 ← 정부 ← 창업 ← 스키 ← 승진 ←
→ 배치 → 한강 → 철새 → 영어 → 발령 → 국제 →

속독을 위한 두 글자 인지훈련 [7단계]

* 시점을 중심에 두고 안구를 움직여 S자 형식으로 빠르게 인지한다.
* 집중하여 같은 낱말이 몇 개가 있는지 개수를 헤아리며 이동한다.
* ❶~❿호까지 같은 낱말의 개수가 맞는지 확인하고 소요시간을 기록한다.

← 시·점 →

→ 시장 → 투자 → 배치 → 기계 → 석유 → 설비 →
← 중동 ← 기술 ← 유럽 ← 한강 ← 영어 ←
→ 경쟁 → 정보 → 개혁 → 승진 → 소비 → 문제 →
← 논문 ← 전망 ← 착공 ← 발령 ← 국제 ←
→ 석유 → 정부 → 기업 → 철새 → 조업 → 성장 →
← 설비 ← 한식 ← 창업 ← 개방 ← 투자 ←
→ 철새 → 도약 → 스키 → 배치 → 영어 → 전망 →
← 소비 ← 문제 ← 성공 ← 석유 ← 중동 ←
→ 발령 → 개혁 → 기계 → 유럽 → 시장 → 정보 →
← 투자 ← 승진 ← 전망 ← 정부 ← 기업 ←
→ 중동 → 착공 → 한강 → 문제 → 한식 → 설비 →

속독을 위한 두 글자 인지훈련 [7단계] ❽호

* 시점을 중심에 두고 안구를 움직여 S자 형식으로 빠르게 인지한다.
* 집중하여 같은 낱말이 몇 개가 있는지 개수를 헤아리며 이동한다.
* ❶~❿호까지 같은 낱말의 개수가 맞는지 확인하고 소요시간을 기록한다.

← 시·점 →

→ 설비 → 철새 → 국제 → 정부 → 개방 → 기업 →
← 기계 ← 시장 ← 석유 ← 유럽 ← 스키 ←
→ 논문 → 소비 → 배치 → 영어 → 도약 → 전망 →
← 창업 ← 정보 ← 경쟁 ← 발령 ← 투자 ←
→ 착공 → 중동 → 국제 → 조업 → 승진 → 한식 →
← 유럽 ← 개방 ← 성공 ← 기술 ← 기계 ←
→ 영어 → 스키 → 석유 → 설비 → 철새 → 시장 →
← 배치 ← 개혁 ← 문제 ← 소비 ← 창업 ←
→ 한식 → 투자 → 논문 → 착공 → 한강 → 중동 →
← 기계 ← 유럽 ← 개방 ← 철새 ← 정부 ←
→ 기업 → 시장 → 전망 → 설비 → 성장 → 국제 →

속독을 위한 두 글자 인지훈련 [7단계]

* 시점을 중심에 두고 안구를 움직여 S자 형식으로 빠르게 인지한다.
* 집중하여 같은 낱말이 몇 개가 있는지 개수를 헤아리며 이동한다.
* ①~⑩호까지 같은 낱말의 개수가 맞는지 확인하고 소요시간을 기록한다.

← 시·점 →

→ 소비 → 창업 → 발령 → 도약 → 스키 → 유럽 →
← 영어 ← 철새 ← 투자 ← 성공 ← 배치 ←
→ 조업 → 전망 → 한강 → 경쟁 → 기업 → 문제 →
← 석유 ← 성장 ← 특징 ← 개방 ← 시장 ←
→ 문제 → 중동 → 스키 → 한식 → 정부 → 승진 →
← 기계 ← 기술 ← 창업 ← 설비 ← 착공 ←
→ 국제 → 경쟁 → 기업 → 석유 → 개혁 → 소비 →
← 유럽 ← 정보 ← 시장 ← 스키 ← 발령 ←
→ 배치 → 한식 → 철새 → 문제 → 조업 → 논문 →
← 개혁 ← 석유 ← 소비 ← 기술 ← 투자 ←
→ 기업 → 승진 → 성공 → 창업 → 한강 → 영어 →

속독을 위한 두 글자 인지훈련 [7단계]

* 시점을 중심에 두고 안구를 움직여 S자 형식으로 빠르게 인지한다.
* 집중하여 같은 낱말이 몇 개가 있는지 개수를 헤아리며 이동한다.
* ❶~❿호까지 같은 낱말의 개수가 맞는지 확인하고 소요시간을 기록한다.

← 시·점 →

→ 개방 → 조업 → 전망 → 영어 → 정보 → 성장 →
← 스키 ← 문제 ← 기계 ← 창업 ← 기업 ←
→ 착공 → 특징 → 중동 → 성공 → 철새 → 개방 →
← 정보 ← 유럽 ← 한강 ← 기술 ← 개혁 ←
→ 경쟁 → 발령 → 석유 → 정부 → 한식 → 소비 →
← 논문 ← 설비 ← 시장 ← 배치 ← 조업 ←
→ 도약 → 호평 → 승진 → 국제 → 성공 → 경쟁 →
← 투자 ← 개혁 ← 패션 ← 전망 ← 석유 ←
→ 소비 → 철새 → 개방 → 착공 → 기업 → 발령 →
← 영어 ← 한식 ← 스키 ← 승진 ← 유럽 ←
→ 기계 → 시장 → 문제 → 정보 → 창업 → 정부 →

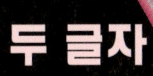

두 글자 스피드 인지훈련 기록표

* 낱말의 개수 오차 + − 하나 차이는 합격으로 인정한다.
* 실력 향상을 위하여 매회 소요시간을 기록한다.

낱말 명	1차 기록	2차 기록	3차 기록	4차 기록
스키	분 초	분 초	분 초	분 초
한강	분 초	분 초	분 초	분 초
국제	분 초	분 초	분 초	분 초
소비	분 초	분 초	분 초	분 초
투자	분 초	분 초	분 초	분 초
정보	분 초	분 초	분 초	분 초
기업	분 초	분 초	분 초	분 초
설비	분 초	분 초	분 초	분 초
개방	분 초	분 초	분 초	분 초
기계	분 초	분 초	분 초	분 초
전망	분 초	분 초	분 초	분 초
유럽	분 초	분 초	분 초	분 초

인지훈련 기록표

시력 향상을 위한 눈 체조 [8]

* 시점을 중심에 두고 화살표(→) 방향으로 상하좌우로 연속하여 총 10회를 빠르게 반복 이동한다.

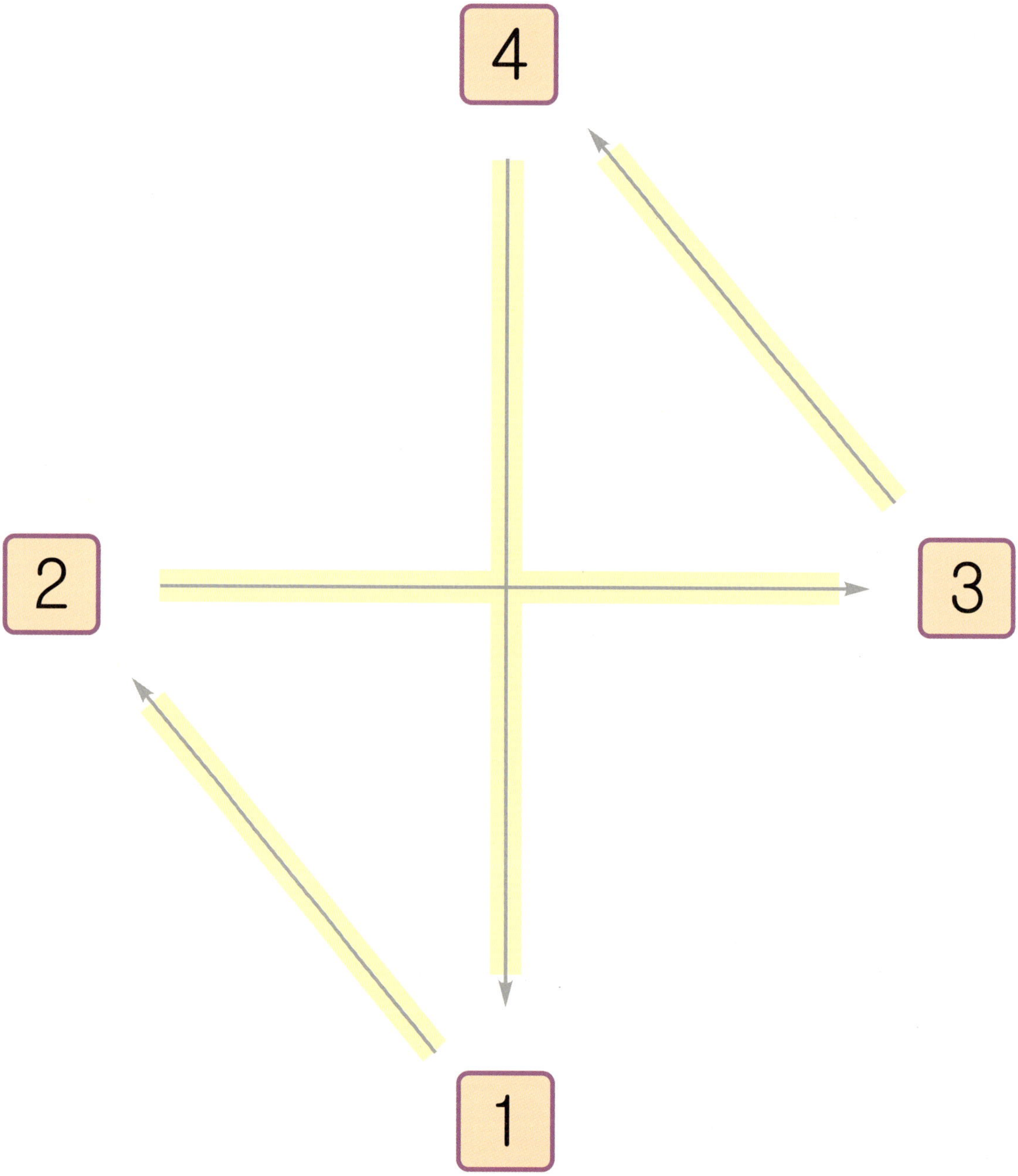

 **눈 체조 [8]** # 훈련 기록표

시력 향상을 위하여 매회 소요시간을 기록한다.

1차 　　　　초	11차 　　　　초	21차 　　　　초
2차 　　　　초	12차 　　　　초	22차 　　　　초
3차 　　　　초	13차 　　　　초	23차 　　　　초
4차 　　　　초	14차 　　　　초	24차 　　　　초
5차 　　　　초	15차 　　　　초	25차 　　　　초
6차 　　　　초	16차 　　　　초	26차 　　　　초
7차 　　　　초	17차 　　　　초	27차 　　　　초
8차 　　　　초	18차 　　　　초	28차 　　　　초
9차 　　　　초	19차 　　　　초	29차 　　　　초
10차 　　　　초	20차 　　　　초	30차 　　　　초

속독을 위한 세 글자 인지훈련 [8단계]

* 시점을 중심에 두고 안구를 움직여 S자 형식으로 빠르게 인지한다.
* 집중하여 같은 낱말이 몇 개가 있는지 개수를 헤아리며 이동한다.
* ❶~❿호까지 같은 낱말의 개수가 맞는지 확인하고 소요시간을 기록한다.

← 시·점 →

세 글자 인지문제

→ 글로벌 → 신기술 → 발전소 → 봄바람 → 서비스 →
← 포인트 ← 아시아 ← 대기업 ← 소비자 ← 대학생 ←

→ 세미나 → 대학생 → 연구원 → 지하철 → 신기술 →
← 봄바람 ← 신세대 ← 백화점 ← 친환경 ←
→ 서비스 → 발전소 → 일시적 → 중요성 → 글로벌 →
← 아시아 ← 태극기 ← 서울시 ← 아이폰 ←
→ 신기술 → 농번기 → 세미나 → 제주도 → 대기업 →
← 소비자 ← 대학생 ← 신세대 ← 서비스 ←
→ 친환경 → 포인트 → 연구원 → 아시아 → 중요성 →
← 지하철 ← 백화점 ← 봄바람 ← 서울시 ←
→ 글로벌 → 일시적 → 소비자 → 농번기 → 신기술 →

속독을 위한 세 글자 인지훈련 [8단계]

* 시점을 중심에 두고 안구를 움직여 S자 형식으로 빠르게 인지한다.
* 집중하여 같은 낱말이 몇 개가 있는지 개수를 헤아리며 이동한다.
* ①~⑩호까지 같은 낱말의 개수가 맞는지 확인하고 소요시간을 기록한다.

← 시·점 →

→ 서비스 → 신세대 → 지하철 → 연구원 → 포인트 →

← 서울시 ← 아시아 ← 백화점 ← 글로벌 ←

→ 일시적 → 신기술 → 농번기 → 아이폰 → 대학생 →

← 연구원 ← 제주도 ← 발전소 ← 자격증 ←

→ 아시아 → 태극기 → 친환경 → 소비자 → 세미나 →

← 지하철 ← 중요성 ← 봄바람 ← 한반도 ←

→ 자격증 → 대기업 → 글로벌 → 신세대 → 신기술 →

← 대학생 ← 백화점 ← 친환경 ← 제주도 ←

→ 아이폰 → 포인트 → 일시적 → 서비스 → 농번기 →

← 발전소 ← 세미나 ← 서울시 ← 태극기 ←

→ 백화점 → 중요성 → 연구원 → 지하철 → 아시아 →

속독을 위한 세 글자 인지훈련 [8단계]

* 시점을 중심에 두고 안구를 움직여 S자 형식으로 빠르게 인지한다.
* 집중하여 같은 낱말이 몇 개가 있는지 개수를 헤아리며 이동한다.
* ①~⑩호까지 같은 낱말의 개수가 맞는지 확인하고 소요시간을 기록한다.

← 시·점 →

→ 봄바람 → 일시적 → 중요성 → 아시아 → 포인트 →

← 신세대 ← 신기술 ← 태극기 ← 지하철 ←

→ 농번기 → 아시아 → 제주도 → 서울시 → 발전소 →

← 글로벌 ← 연구원 ← 대기업 ← 백화점 ←

→ 세미나 → 태극기 → 포인트 → 대학생 → 소비자 →

← 서비스 ← 신세대 ← 일시적 ← 친환경 ←

→ 포인트 → 아이폰 → 지하철 → 봄바람 → 태극기 →

← 서울시 ← 자격증 ← 글로벌 ← 제주도 ←

→ 백화점 → 발전소 → 대학생 → 중요성 → 연구원 →

← 대기업 ← 농번기 ← 신세대 ← 아시아 ←

→ 친환경 → 신기술 → 세미나 → 소비자 → 포인트 →

속독을 위한 세 글자 인지훈련 [8단계] ❹호

* 시점을 중심에 두고 안구를 움직여 S자 형식으로 빠르게 인지한다.
* 집중하여 같은 낱말이 몇 개가 있는지 개수를 헤아리며 이동한다.
* ❶~❿호까지 같은 낱말의 개수가 맞는지 확인하고 소요시간을 기록한다.

← 시·점 →

→ 백화점 → 발전소 → 제주도 → 신기술 → 일시적 →

← 서비스 ← 아이폰 ← 세미나 ← 포인트 ←

→ 대학생 → 지하철 → 봄바람 → 태극기 → 중요성 →

← 소비자 ← 자격증 ← 연구원 ← 백화점 ←

→ 일시적 → 신세대 → 포인트 → 제주도 → 친환경 →

← 봄바람 ← 한반도 ← 서비스 ← 농번기 ←

→ 서울시 → 중요성 → 글로벌 → 아이폰 → 지하철 →

← 아시아 ← 태극기 ← 세미나 ← 대기업 ←

→ 제주도 → 발전소 → 백화점 → 대학생 → 일시적 →

← 친환경 ← 연구원 ← 신세대 ← 봄바람 ←

→ 농번기 → 신기술 → 지하철 → 서울시 → 소비자 →

속독을 위한 세 글자 인지훈련 [8단계]

✽ 시점을 중심에 두고 안구를 움직여 S자 형식으로 빠르게 인지한다.
✽ 집중하여 같은 낱말이 몇 개가 있는지 개수를 헤아리며 이동한다.
✽ ❶~❿호까지 같은 낱말의 개수가 맞는지 확인하고 소요시간을 기록한다.

← 시·점 →

→ 대기업 → 연구원 → 소비자 → 서울시 → 발전소 →
← 중요성 ← 글로벌 ← 지하철 ← 대학생 ←
→ 농번기 → 세미나 → 백화점 → 서비스 → 신세대 →
← 발전소 ← 제주도 ← 친환경 ← 대기업 ←
→ 아이폰 → 서울시 → 일시적 → 태극기 → 소비자 →
← 대학생 ← 봄바람 ← 자격증 ← 신기술 ←
→ 친환경 → 신세대 → 세미나 → 중요성 → 아시아 →
← 대기업 ← 제주도 ← 백화점 ← 연구원 ←
→ 태극기 → 지하철 → 발전소 → 일시적 → 신세대 →
← 포인트 ← 서울시 ← 농번기 ← 세미나 ←
→ 신기술 → 백화점 → 한반도 → 글로벌 → 봄바람 →

속독을 위한 세 글자 인지훈련 [8단계]

* 시점을 중심에 두고 안구를 움직여 S자 형식으로 빠르게 인지한다.
* 집중하여 같은 낱말이 몇 개가 있는지 개수를 헤아리며 이동한다.
* ①~⑩호까지 같은 낱말의 개수가 맞는지 확인하고 소요시간을 기록한다.

← 시·점 →

→ 글로벌 → 중요성 → 친환경 → 서비스 → 봄바람 →
← 아시아 ← 제주도 ← 대학생 ← 세미나 ←
→ 연구원 → 서울시 → 서비스 → 농번기 → 대기업 →
← 포인트 ← 태극기 ← 신기술 ← 일시적 ←
→ 제주도 → 대기업 → 신세대 → 지하철 → 소비자 →
← 대학생 ← 자격증 ← 발전소 ← 백화점 ←
→ 세미나 → 봄바람 → 농번기 → 친환경 → 중요성 →
← 대기업 ← 아이폰 ← 지하철 ← 포인트 ←
→ 태극기 → 글로벌 → 서울시 → 제주도 → 연구원 →
← 서비스 ← 신세대 ← 일시적 ← 아시아 ←
→ 백화점 → 친환경 → 신기술 → 대학생 → 세미나 →

속독을 위한 세 글자 인지훈련 [8단계]

* 시점을 중심에 두고 안구를 움직여 S자 형식으로 빠르게 인지한다.
* 집중하여 같은 낱말이 몇 개가 있는지 개수를 헤아리며 이동한다.
* ❶~❿호까지 같은 낱말의 개수가 맞는지 확인하고 소요시간을 기록한다.

← 시·점 →

→ 친환경 → 발전소 → 농번기 → 서비스 → 신기술 →
← 대기업 ← 일시적 ← 연구원 ← 서울시 ←
→ 봄바람 → 대학생 → 세미나 → 태극기 → 글로벌 →
← 포인트 ← 백화점 ← 지하철 ← 자격증 ←
→ 서울시 → 소비자 → 중요성 → 봄바람 → 제주도 →
← 신세대 ← 아시아 ← 아이폰 ← 친환경 ←
→ 서비스 → 태극기 → 연구원 → 농번기 → 발전소 →
← 지하철 ← 대기업 ← 자격증 ← 대학생 ←
→ 제주도 → 글로벌 → 일시적 → 세미나 → 백화점 →
← 소비자 ← 농번기 ← 중요성 ← 포인트 ←
→ 봄바람 → 태극기 → 신기술 → 친환경 → 아시아 →

속독을 위한 세 글자 인지훈련 [8단계]

* 시점을 중심에 두고 안구를 움직여 S자 형식으로 빠르게 인지한다.
* 집중하여 같은 낱말이 몇 개가 있는지 개수를 헤아리며 이동한다.
* ❶~❿호까지 같은 낱말의 개수가 맞는지 확인하고 소요시간을 기록한다.

← 시·점 →

→ 발전소 → 대기업 → 서울시 → 연구원 → 서비스 →
← 아시아 ← 대학생 ← 중요성 ← 봄바람 ←
→ 자격증 → 포인트 → 제주도 → 신세대 → 대기업 →
← 서비스 ← 세미나 ← 백화점 ← 일시적 ←
→ 지하철 → 아시아 → 서울시 → 대학생 → 발전소 →
← 봄바람 ← 농번기 ← 연구원 ← 소비자 ←
→ 중요성 → 일시적 → 글로벌 → 태극기 → 친환경 →
← 대기업 ← 신세대 ← 제주도 ← 지하철 ←
→ 서비스 → 백화점 → 세미나 → 서울시 → 중요성 →
← 태극기 ← 아이폰 ← 발전소 ← 일시적 ←
→ 연구원 → 친환경 → 신기술 → 농번기 → 봄바람 →

속독을 위한 세 글자 인지훈련 [8단계]

* 시점을 중심에 두고 안구를 움직여 S자 형식으로 빠르게 인지한다.
* 집중하여 같은 낱말이 몇 개가 있는지 개수를 헤아리며 이동한다.
* ❶~❿호까지 같은 낱말의 개수가 맞는지 확인하고 소요시간을 기록한다.

← 시·점 →

→ 친환경 → 서비스 → 대기업 → 대학생 → 신기술 →
← 일시적 ← 포인트 ← 서울시 ← 글로벌 ←
→ 발전소 → 연구원 → 백화점 → 소비자 → 태극기 →
← 지하철 ← 중요성 ← 아시아 ← 신세대 ←
→ 농번기 → 신기술 → 제주도 → 봄바람 → 대학생 →
← 소비자 ← 일시적 ← 세미나 ← 자격증 ←
→ 서울시 → 서비스 → 발전소 → 아이폰 → 친환경 →
← 글로벌 ← 백화점 ← 지하철 ← 연구원 ←
→ 아시아 → 세미나 → 중요성 → 태극기 → 대기업 →
← 대학생 ← 신세대 ← 신기술 ← 제주도 ←
→ 일시적 → 친환경 → 포인트 → 백화점 → 소비자 →

속독을 위한 세 글자 인지훈련 [8단계]

* 시점을 중심에 두고 안구를 움직여 S자 형식으로 빠르게 인지한다.
* 집중하여 같은 낱말이 몇 개가 있는지 개수를 헤아리며 이동한다.
* ①~⑩호까지 같은 낱말의 개수가 맞는지 확인하고 소요시간을 기록한다.

← 시·점 →

→ 서울시 → 대기업 → 백화점 → 연구원 → 글로벌 →

← 중요성 ← 친환경 ← 농번기 ← 발전소 ←

→ 제주도 → 신기술 → 대학생 → 신세대 → 소비자 →

← 지하철 ← 아시아 ← 태극기 ← 일시적 ←

→ 연구원 → 아이폰 → 서비스 → 자격증 → 서울시 →

← 글로벌 ← 농번기 ← 백화점 ← 세미나 ←

→ 태극기 → 소비자 → 제주도 → 봄바람 → 아이폰 →

← 발전소 ← 한반도 ← 친환경 ← 서비스 ←

→ 포인트 → 지하철 → 일시적 → 신기술 → 농번기 →

← 백화점 ← 신세대 ← 대기업 ← 중요성 ←

→ 봄바람 → 서울시 → 글로벌 → 대학생 → 연구원 →

세 글자 스피드 인지훈련 기록표

* 낱말의 개수 오차 + - 하나 차이는 합격으로 인정한다.
* 실력 향상을 위하여 매회 소요시간을 기록한다.

낱말 명	1차 기록	2차 기록	3차 기록	4차 기록
글로벌	분 초	분 초	분 초	분 초
신기술	분 초	분 초	분 초	분 초
발전소	분 초	분 초	분 초	분 초
봄바람	분 초	분 초	분 초	분 초
서비스	분 초	분 초	분 초	분 초
포인트	분 초	분 초	분 초	분 초
아시아	분 초	분 초	분 초	분 초
대기업	분 초	분 초	분 초	분 초
소비자	분 초	분 초	분 초	분 초
대학생	분 초	분 초	분 초	분 초

시력 향상을 위한 눈 체조 [9]

* 시점을 중심에 두고 화살표(→) 방향으로 좌로 2회, 우로 2회씩 총 5회를 빠르게 반복 이동한다.

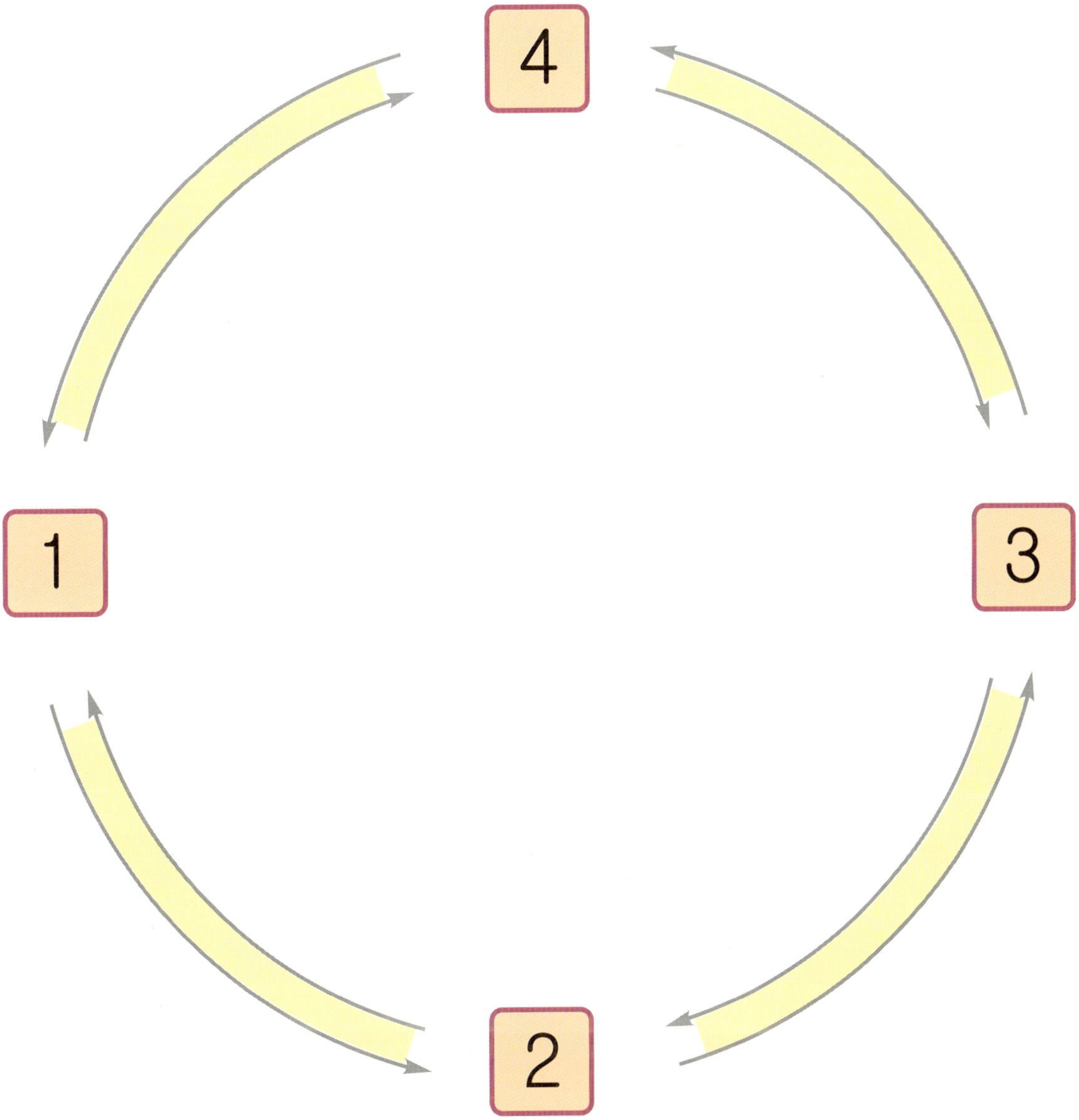

 눈 체조 [9] **훈련 기록표**

시력 향상을 위하여 매회 소요시간을 기록한다.

1차	초	11차	초	21차	초
2차	초	12차	초	22차	초
3차	초	13차	초	23차	초
4차	초	14차	초	24차	초
5차	초	15차	초	25차	초
6차	초	16차	초	26차	초
7차	초	17차	초	27차	초
8차	초	18차	초	28차	초
9차	초	19차	초	29차	초
10차	초	20차	초	30차	초

속독을 위한 네 글자 인지훈련 [9단계]

* 시점을 중심에 두고 안구를 움직여 S자 형식으로 빠르게 인지한다.
* 집중하여 같은 낱말이 몇 개가 있는지 개수를 헤아리며 이동한다.
* ①~⑩호까지 같은 낱말의 개수가 맞는지 확인하고 소요시간을 기록한다.

← 시·점 →

네 글자 인지문제

→ 세계제일 → 대한민국 → 성공시대 → 국가발전 →
← 기업경제 ← 자원개발 ← 평화유지 ← 국회의원 ←

→ 봉사활동 → 국가발전 → 유가증권 → 대한민국 →
← 자원개발 ← 중소기업 ← 세계제일 ←
→ 공공기관 → 성공시대 → 원전수출 → 기업경제 →
← 대한민국 ← 경영환경 ← 시설투자 ←
→ 평화유지 → 한국은행 → 봉사활동 → 주주총회 →
← 기업경제 ← 온실가스 ← 국회의원 ←
→ 국가발전 → 원전수출 → 세계제일 → 비즈니스 →
← 유가증권 ← 중소기업 ← 공공기관 ←
→ 자원개발 → 봉사활동 → 평화유지 → 성공시대 →

속독을 위한 네 글자 인지훈련 [9단계]

* 시점을 중심에 두고 안구를 움직여 S자 형식으로 빠르게 인지한다.
* 집중하여 같은 낱말이 몇 개가 있는지 개수를 헤아리며 이동한다.
* ①~⑩호까지 같은 낱말의 개수가 맞는지 확인하고 소요시간을 기록한다.

← 시·점 →

→ 원전수출 → 성공시대 → 한국은행 → 국가발전 →
← 시설투자 ← 평화유지 ← 다이어트 ←
→ 세계제일 → 국회의원 → 기업경제 → 유가증권 →
← 온실가스 ← 주주총회 ← 비즈니스 ←
→ 국가발전 → 한국은행 → 봉사활동 → 중소기업 →
← 자원개발 ← 공공기관 ← 경영환경 ←
→ 유가증권 → 다이어트 → 세계제일 → 원전수출 →
← 평화유지 ← 국회의원 ← 시설투자 ←
→ 기업경제 → 중소기업 → 국가발전 → 온실가스 →
← 봉사활동 ← 대한민국 ← 자원개발 ←
→ 성공시대 → 원전수출 → 공공기관 → 기업경제 →

속독을 위한 네 글자 인지훈련 [9단계] ❸호

* 시점을 중심에 두고 안구를 움직여 S자 형식으로 빠르게 인지한다.
* 집중하여 같은 낱말이 몇 개가 있는지 개수를 헤아리며 이동한다.
* ❶~❿호까지 같은 낱말의 개수가 맞는지 확인하고 소요시간을 기록한다.

← 시·점 →

→ 대한민국 → 국회의원 → 봉사활동 → 경영환경 →
← 기업경제 ← 국가발전 ← 시설투자 ←
→ 해외수출 → 온실가스 → 원전수출 → 성공시대 →
← 세계제일 ← 비즈니스 ← 공공기관 ←
→ 유가증권 → 중소기업 → 자원개발 → 한국은행 →
← 성공시대 ← 평화유지 ← 주주총회 ←
→ 비즈니스 → 국가발전 → 다이어트 → 기업경제 →
← 국회의원 ← 시설투자 ← 온실가스 ←
→ 봉사활동 → 경영환경 → 세계제일 → 원전수출 →
← 한국은행 ← 중소기업 ← 대한민국 ←
→ 공공기관 → 평화유지 → 재래시장 → 유가증권 →

속독을 위한 네 글자 인지훈련 [9단계]

* 시점을 중심에 두고 안구를 움직여 S자 형식으로 빠르게 인지한다.
* 집중하여 같은 낱말이 몇 개가 있는지 개수를 헤아리며 이동한다.
* ❶~❿호까지 같은 낱말의 개수가 맞는지 확인하고 소요시간을 기록한다.

← 시·점 →

→ 기업경제 → 비즈니스 → 원전수출 → 국가발전 →
← 시설투자 ← 온실가스 ← 유가증권 ←
→ 중소기업 → 국회의원 → 자원개발 → 다이어트 →
← 국가발전 ← 공공기관 ← 한국은행 ←
→ 경영환경 → 대한민국 → 재래시장 → 원전수출 →
← 주주총회 ← 봉사활동 ← 비즈니스 ←
→ 한국은행 → 유가증권 → 성공시대 → 시설투자 →
← 공공기관 ← 해외수출 ← 평화유지 ←
→ 원전수출 → 세계제일 → 경영환경 → 중소기업 →
← 국회의원 ← 기업경제 ← 한국은행 ←
→ 대한민국 → 다이어트 → 온실가스 → 국가발전 →

속독을 위한 네 글자 인지훈련 [9단계]

* 시점을 중심에 두고 안구를 움직여 S자 형식으로 빠르게 인지한다.
* 집중하여 같은 낱말이 몇 개가 있는지 개수를 헤아리며 이동한다.
* ❶~❿호까지 같은 낱말의 개수가 맞는지 확인하고 소요시간을 기록한다.

← 시·점 →

→ 비즈니스 → 대한민국 → 재래시장 → 세계제일 →

← 경영환경 ← 자원개발 ← 온실가스 ←

→ 다이어트 → 성공시대 → 봉사활동 → 기업경제 →

← 원전수출 ← 국가발전 ← 주주총회 ←

→ 평화유지 → 유가증권 → 대한민국 → 한국은행 →

← 자원개발 ← 중소기업 ← 공공기관 ←

→ 시설투자 → 국회의원 → 기업경제 → 비즈니스 →

← 온실가스 ← 경영환경 ← 해외수출 ←

→ 봉사활동 → 한국은행 → 세계제일 → 다이어트 →

← 국가발전 ← 유가증권 ← 공공기관 ←

→ 중소기업 → 비즈니스 → 원전수출 → 대한민국 →

속독을 위한 네 글자 인지훈련 [9단계]

* 시점을 중심에 두고 안구를 움직여 S자 형식으로 빠르게 인지한다.
* 집중하여 같은 낱말이 몇 개가 있는지 개수를 헤아리며 이동한다.
* ❶~❿호까지 같은 낱말의 개수가 맞는지 확인하고 소요시간을 기록한다.

← 시·점 →

→ 국가발전 → 유가증권 → 경영환경 → 자원개발 →
← 세계제일 ← 다이어트 ← 중소기업 ←
→ 평화유지 → 시설투자 → 비즈니스 → 대한민국 →
← 국회의원 ← 봉사활동 ← 성공시대 ←
→ 기업경제 → 공공기관 → 한국은행 → 자원개발 →
← 주주총회 ← 온실가스 ← 평화유지 ←
→ 대한민국 → 경영환경 → 원전수출 → 국가발전 →
← 자원개발 ← 유가증권 ← 다이어트 ←
→ 공공기관 → 세계제일 → 한국은행 → 국회의원 →
← 중소기업 ← 비즈니스 ← 시설투자 ←
→ 평화유지 → 성공시대 → 원전수출 → 봉사활동 →

속독을 위한 네 글자 인지훈련 [9단계]

* 시점을 중심에 두고 안구를 움직여 S자 형식으로 빠르게 인지한다.
* 집중하여 같은 낱말이 몇 개가 있는지 개수를 헤아리며 이동한다.
* ①~⑩호까지 같은 낱말의 개수가 맞는지 확인하고 소요시간을 기록한다.

← 시·점 →

→ 세계제일 → 다이어트 → 기업경제 → 한국은행 →
← 자원개발 ← 주주총회 ← 공공기관 ←
→ 성공시대 → 중소기업 → 경영환경 → 대한민국 →
← 평화유지 ← 해외수출 ← 온실가스 ←
→ 원전수출 → 봉사활동 → 유가증권 → 국가발전 →
← 비즈니스 ← 세계제일 ← 국회의원 ←
→ 한국은행 → 시설투자 → 재래시장 → 자원개발 →
← 대한민국 ← 해외수출 ← 중소기업 ←
→ 온실가스 → 경영환경 → 성공시대 → 주주총회 →
← 유가증권 ← 다이어트 ← 평화유지 ←
→ 봉사활동 → 기업경제 → 세계제일 → 공공기관 →

속독을 위한 네 글자 인지훈련 [9단계] ❽호

* 시점을 중심에 두고 안구를 움직여 S자 형식으로 빠르게 인지한다.
* 집중하여 같은 낱말이 몇 개가 있는지 개수를 헤아리며 이동한다.
* ❶~❿호까지 같은 낱말의 개수가 맞는지 확인하고 소요시간을 기록한다.

← 시·점 →

→ 세계제일 → 주주총회 → 중소기업 → 대한민국 →
← 평화유지 ← 경영환경 ← 온실가스 ←
→ 성공시대 → 시설투자 → 한국은행 → 기업경제 →
← 자원개발 ← 비즈니스 ← 원전수출 ←
→ 국가발전 → 국회의원 → 공공기관 → 유가증권 →
← 중소기업 ← 세계제일 ← 봉사활동 ←
→ 한국은행 → 온실가스 → 다이어트 → 성공시대 →
← 대한민국 ← 비즈니스 ← 경영환경 ←
→ 봉사활동 → 유가증권 → 재래시장 → 자원개발 →
← 평화유지 ← 해외수출 ← 시설투자 ←
→ 국회의원 → 성공시대 → 공공기관 → 대한민국 →

 ## 속독을 위한 네 글자 인지훈련 [9단계]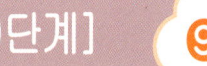

* 시점을 중심에 두고 안구를 움직여 S자 형식으로 빠르게 인지한다.
* 집중하여 같은 낱말이 몇 개가 있는지 개수를 헤아리며 이동한다.
* ❶~❿호까지 같은 낱말의 개수가 맞는지 확인하고 소요시간을 기록한다.

← 시·점 →

→ 경영환경 → 성공시대 → 재래시장 → 국가발전 →
← 국회의원 ← 자원개발 ← 기업경제 ←
→ 비즈니스 → 대한민국 → 원전수출 → 시설투자 →
← 온실가스 ← 다이어트 ← 평화유지 ←
→ 기업경제 → 한국은행 → 공공기관 → 봉사활동 →
← 주주총회 ← 중소기업 ← 해외수출 ←
→ 시설투자 → 재래시장 → 국가발전 → 유가증권 →
← 세계제일 ← 경영환경 ← 성공시대 ←
→ 평화유지 → 다이어트 → 온실가스 → 비즈니스 →
← 국회의원 ← 봉사활동 ← 중소기업 ←
→ 한국은행 → 유가증권 → 국회의원 → 기업경제 →

속독을 위한 네 글자 인지훈련 [9단계] ⓾호

* 시점을 중심에 두고 안구를 움직여 S자 형식으로 빠르게 인지한다.
* 집중하여 같은 낱말이 몇 개가 있는지 개수를 헤아리며 이동한다.
* ❶~❿호까지 같은 낱말의 개수가 맞는지 확인하고 소요시간을 기록한다.

← 시·점 →

→ 국가발전 → 봉사활동 → 유가증권 → 기업경제 →
← 중소기업 ← 세계제일 ← 국회의원 ←
→ 온실가스 → 시설투자 → 자원개발 → 한국은행 →
← 대한민국 ← 비즈니스 ← 경영환경 ←
→ 공공기관 → 재래시장 → 기업경제 → 다이어트 →
← 해외수출 ← 유가증권 ← 중소기업 ←
→ 평화유지 → 국회의원 → 국가발전 → 주주총회 →
← 봉사활동 ← 한국은행 ← 원전수출 ←
→ 기업경제 → 성공시대 → 비즈니스 → 시설투자 →
← 경영환경 ← 자원개발 ← 온실가스 ←
→ 중소기업 → 세계제일 → 평화유지 → 대한민국 →

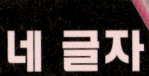
스피드 인지훈련 기록표

* 낱말의 개수 오차 + - 하나 차이는 합격으로 인정한다.
* 실력 향상을 위하여 매회 소요시간을 기록한다.

낱말 명	1차 기록	2차 기록	3차 기록	4차 기록
세계제일	분 초	분 초	분 초	분 초
대한민국	분 초	분 초	분 초	분 초
성공시대	분 초	분 초	분 초	분 초
국가발전	분 초	분 초	분 초	분 초
기업경제	분 초	분 초	분 초	분 초
자원개발	분 초	분 초	분 초	분 초
평화유지	분 초	분 초	분 초	분 초
국회의원	분 초	분 초	분 초	분 초

시력 향상을 위한 눈 체조 [10]

✱ 시점을 중심에 두고 화살표(→) 방향으로 연속하여 총 10회를 빠르게 반복 이동한다.

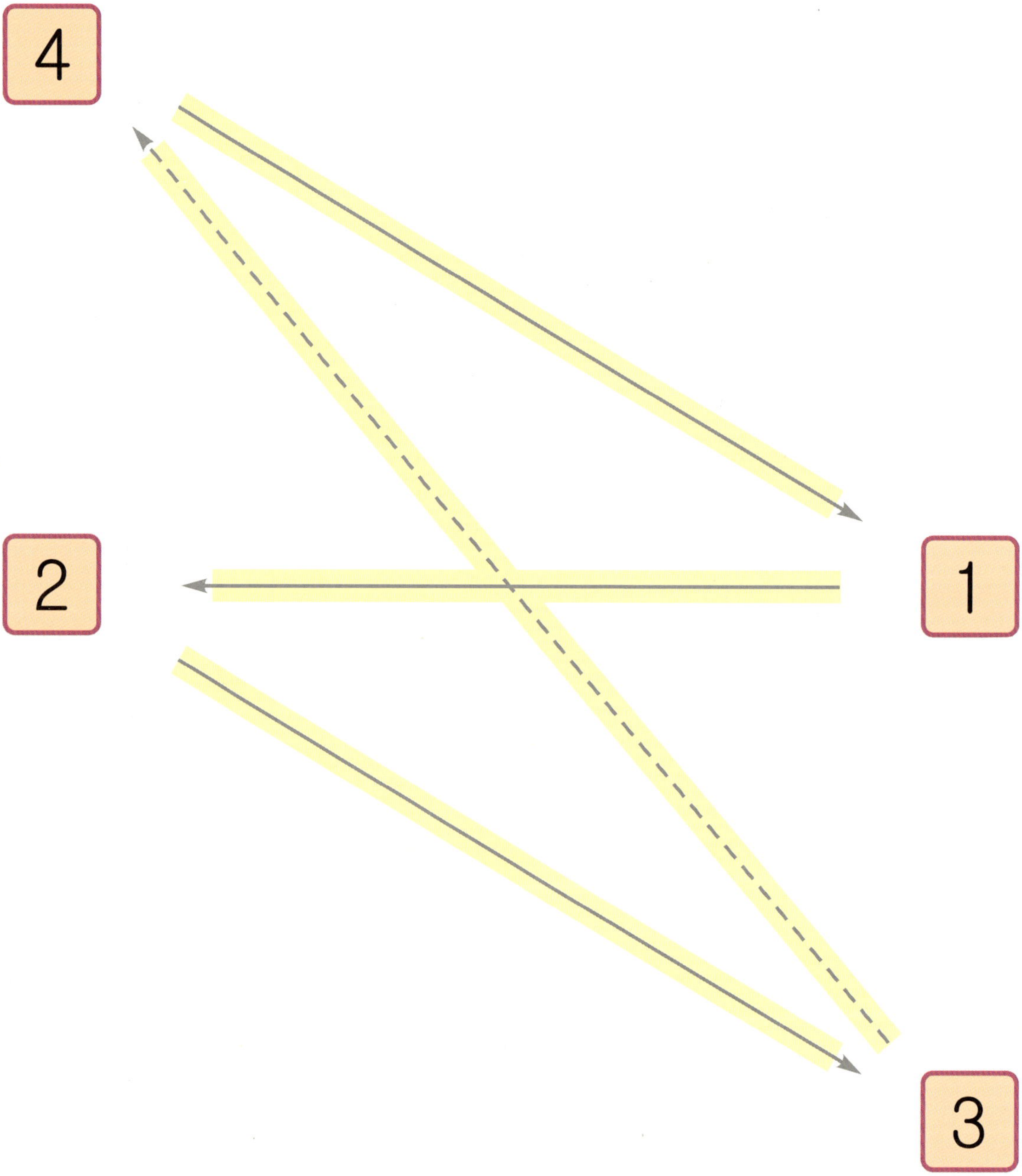

4

2

1

3

 **눈 체조 [10]** # 훈련 기록표

시력 향상을 위하여 매회 소요시간을 기록한다.

1차	초	11차	초	21차	초
2차	초	12차	초	22차	초
3차	초	13차	초	23차	초
4차	초	14차	초	24차	초
5차	초	15차	초	25차	초
6차	초	16차	초	26차	초
7차	초	17차	초	27차	초
8차	초	18차	초	28차	초
9차	초	19차	초	29차	초
10차	초	20차	초	30차	초

훈련 기록표

속독을 위한 다섯 글자 인지훈련 [10단계]

* 시점을 중심에 두고 안구를 움직여 S자 형식으로 빠르게 인지한다.
* 집중하여 같은 낱말이 몇 개가 있는지 개수를 헤아리며 이동한다.
* ①~⑩호까지 같은 낱말의 개수가 맞는지 확인하고 소요시간을 기록한다.

← 시·점 →

다섯 글자 인지문제

→ 인터넷뱅킹 → 최고경영자 → 프랜차이즈 →
← 산업박람회 ← 서울특별시 ← 아이스링크 ←

→ 프랜차이즈 → 전기차동차 → 산업박람회 →
← 금융감독원 ← 인터넷뱅킹 ←
→ 예비졸업생 → 서울특별시 → 중요한정보 →
← 산업박람회 ← 시장점유율 ←
→ 인터넷뱅킹 → 건강진단서 → 전기차동차 →
← 아이스링크 ← 신세대특성 ←
→ 디지털혁명 → 최고경영자 → 예비졸업생 →
← 프랜차이즈 ← 위성휴대폰 ←
→ 서울특별시 → 아이스링크 → 인터넷뱅킹 →

 ## 속독을 위한 다섯 글자 인지훈련 [10단계]

* 시점을 중심에 두고 안구를 움직여 S자 형식으로 빠르게 인지한다.
* 집중하여 같은 낱말이 몇 개가 있는지 개수를 헤아리며 이동한다.
* ❶~❿호까지 같은 낱말의 개수가 맞는지 확인하고 소요시간을 기록한다.

← 시·점 →

→ 위성휴대폰 → 산업박람회 → 최고경영자 →
← 건강진단서 ← 금융감독원 ←
→ 전기차동차 → 프랜차이즈 → 경제력강화 →
← 인터넷뱅킹 ← 아이스링크 ←
→ 산업박람회 → 네일아트숍 → 디지털혁명 →
← 사회적문제 ← 서울특별시 ←
→ 최고경영자 → 전기차동차 → 애니메이션 →
← 시장점유율 ← 신세대특성 ←
→ 서울특별시 → 온라인게임 → 인터넷뱅킹 →
← 중요한정보 ← 아이스링크 ←
→ 프랜차이즈 → 최우수기업 → 예비졸업생 →

속독을 위한 다섯 글자 인지훈련 [10단계]

* 시점을 중심에 두고 안구를 움직여 S자 형식으로 빠르게 인지한다.
* 집중하여 같은 낱말이 몇 개가 있는지 개수를 헤아리며 이동한다.
* ❶~❿호까지 같은 낱말의 개수가 맞는지 확인하고 소요시간을 기록한다.

← 시·점 →

→ 디지털혁명 → 소자본창업 → 산업박람회 →
← 가이드라인 ← 서울특별시 ←
→ 인터넷뱅킹 → 건강진단서 → 전기차동차 →
← 아이스링크 ← 금융감독원 ←
→ 위성휴대폰 → 최고경영자 → 신세대특성 →
← 서울특별시 ← 태양광발전 ←
→ 예비졸업생 → 경제력강화 → 인터넷뱅킹 →
← 전기차동차 ← 최우수기업 ←
→ 산업박람회 → 중요한정보 → 프랜차이즈 →
← 인터넷뱅킹 ← 네일아트숍 ←
→ 아이스링크 → 서울특별시 → 온라인게임 →

속독을 위한 다섯 글자 인지훈련 [10단계] ❹호

* 시점을 중심에 두고 안구를 움직여 S자 형식으로 빠르게 인지한다.
* 집중하여 같은 낱말이 몇 개가 있는지 개수를 헤아리며 이동한다.
* ❶~❿호까지 같은 낱말의 개수가 맞는지 확인하고 소요시간을 기록한다.

← 시·점 →

→ 아이스링크 → 프랜차이즈 → 사회적문제 →
← 예비졸업생 ← 산업박람회 ←
→ 디지털혁명 → 인터넷뱅킹 → 전기차동차 →
← 금융감독원 ← 위성휴대폰 ←
→ 산업박람회 → 아이스링크 → 최고경영자 →
← 중요한정보 ← 서울특별시 ←
→ 전기차동차 → 신세대특성 → 예비졸업생 →
← 인터넷뱅킹 ← 애니메이션 ←
→ 서울특별시 → 태양광발전 → 시장점유율 →
← 건강진단서 ← 산업박람회 ←
→ 프랜차이즈 → 소자본창업 → 디지털혁명 →

속독을 위한 다섯 글자 인지훈련 10단계

속독을 위한 다섯 글자 인지훈련 [10단계]

* 시점을 중심에 두고 안구를 움직여 S자 형식으로 빠르게 인지한다.
* 집중하여 같은 낱말이 몇 개가 있는지 개수를 헤아리며 이동한다.
* ❶~❿호까지 같은 낱말의 개수가 맞는지 확인하고 소요시간을 기록한다.

← 시·점 →

→ 산업박람회 → 중요한정보 → 전기차동차 →
← 아이스링크 ← 최고경영자 ←
→ 전기차동차 → 금용감독원 → 서울특별시 →
← 인터넷뱅킹 ← 가이드라인 ←
→ 온라인게임 → 신세대특성 → 건강진단서 →
← 프랜차이즈 ← 자동차경주 ←
→ 디지털혁명 → 애니메이션 → 산업박람회 →
← 경제력강화 ← 전기차동차 ←
→ 최우수기업 → 최고경영자 → 예비졸업생 →
← 아이스링크 ← 소자본창업 ←
→ 서울특별시 → 인터넷뱅킹 → 신세대특성 →

속독을 위한 다섯 글자 인지훈련 [10단계]

* 시점을 중심에 두고 안구를 움직여 S자 형식으로 빠르게 인지한다.
* 집중하여 같은 낱말이 몇 개가 있는지 개수를 헤아리며 이동한다.
* ①~⑩호까지 같은 낱말의 개수가 맞는지 확인하고 소요시간을 기록한다.

← 시·점 →

→ 건강진단서 → 사회적문제 → 최고경영자 →

← 산업박람회 ← 중요한정보 ←

→ 프랜차이즈 → 시장점유율 → 디지털혁명 →

← 위성휴대폰 ← 금융감독원 ←

→ 전기차동차 → 인터넷뱅킹 → 경제력강화 →

← 아이스링크 ← 최우수기업 ←

→ 신세대특성 → 서울특별시 → 네일아트숍 →

← 온라인게임 ← 프랜차이즈 ←

→ 서울특별시 → 태양광발전 → 산업박람회 →

← 가이드라인 ← 예비졸업생 ←

→ 애니메이션 → 최고경영자 → 아이스링크 →

속독을 위한 다섯 글자 인지훈련 [10단계] 7호

* 시점을 중심에 두고 안구를 움직여 S자 형식으로 빠르게 인지한다.
* 집중하여 같은 낱말이 몇 개가 있는지 개수를 헤아리며 이동한다.
* ❶~❿호까지 같은 낱말의 개수가 맞는지 확인하고 소요시간을 기록한다.

← 시·점 →

→ 서울특별시 → 아이스링크 → 산업박람회 →
← 예비졸업생 ← 온라인게임 ←
→ 산업박람회 → 위성휴대폰 → 전기차동차 →
← 디지털혁명 ← 가이드라인 ←
→ 시장점유율 → 최고경영자 → 애니메이션 →
← 네일아트숍 ← 신세대특성 ←
→ 산업박람회 → 최우수기업 → 예비졸업생 →
← 인터넷뱅킹 ← 금융감독원 ←
→ 아이스링크 → 전기차동차 → 건강진단서 →
← 프랜차이즈 ← 경제력강화 ←
→ 중요한정보 → 서울특별시 → 태양광발전 →

속독을 위한 다섯 글자 인지훈련 [10단계]

* 시점을 중심에 두고 안구를 움직여 S자 형식으로 빠르게 인지한다.
* 집중하여 같은 낱말이 몇 개가 있는지 개수를 헤아리며 이동한다.
* ❶~❿호까지 같은 낱말의 개수가 맞는지 확인하고 소요시간을 기록한다.

← 시·점 →

→ 신세대특성 → 시장점유율 → 인터넷뱅킹 →

← 최고경영자 ← 디지털혁명 ←

→ 전기차동차 → 아이스링크 → 산업박람회 →

← 중요한정보 ← 태양광발전 ←

→ 금융감독원 → 예비졸업생 → 최고경영자 →

← 인터넷뱅킹 ← 위성휴대폰 ←

→ 온라인게임 → 프랜차이즈 → 신세대특성 →

← 서울특별시 ← 전기차동차 ←

→ 아이스링크 → 최고경영자 → 네일아트숍 →

← 가이드라인 ← 예비졸업생 ←

→ 프랜차이즈 → 소자본창업 → 사회적문제 →

속독을 위한 다섯 글자 인지훈련 [10단계]

* 시점을 중심에 두고 안구를 움직여 S자 형식으로 빠르게 인지한다.
* 집중하여 같은 낱말이 몇 개가 있는지 개수를 헤아리며 이동한다.
* ❶~❿호까지 같은 낱말의 개수가 맞는지 확인하고 소요시간을 기록한다.

← 시·점 →

→ 프랜차이즈 → 전기차동차 → 최고경영자 →
← 위성휴대폰 ← 인터넷뱅킹 ←
→ 서울특별시 → 디지털혁명 → 산업박람회 →
← 사회적문제 ← 온라인게임 ←
→ 최고경영자 → 최우수기업 → 예비졸업생 →
← 네일아트숍 ← 중요한정보 ←
→ 금융감독원 → 산업박람회 → 아이스링크 →
← 경제력강화 ← 건강진단서 ←
→ 전기차동차 → 인터넷뱅킹 → 가이드라인 →
← 애니메이션 ← 서울특별시 ←
→ 신세대특성 → 시장점유율 → 프랜차이즈 →

 ## 속독을 위한 다섯 글자 인지훈련 [10단계] 10호

* 시점을 중심에 두고 안구를 움직여 S자 형식으로 빠르게 인지한다.
* 집중하여 같은 낱말이 몇 개가 있는지 개수를 헤아리며 이동한다.
* ❶~❿호까지 같은 낱말의 개수가 맞는지 확인하고 소요시간을 기록한다.

← 시·점 →

→ 아이스링크 → 최고경영자 → 금용감독원 →
← 전기차동차 ← 네일아트숍 ←
→ 건강진단서 → 인터넷뱅킹 → 경제력강화 →
← 예비졸업생 ← 태양광발전 ←
→ 프랜차이즈 → 애니메이션 → 서울특별시 →
← 신세대특성 ← 온라인게임 ←
→ 중요한정보 → 최고경영자 → 시장점유율 →
← 금용감독원 ← 위성휴대폰 ←
→ 산업박람회 → 디지털혁명 → 인터넷뱅킹 →
← 전기차동차 ← 사회적문제 ←
→ 최고경영자 → 예비졸업생 → 프랜차이즈 →

스피드 인지훈련 기록표

다섯 글자

* 낱말의 개수 오차 + - 하나 차이는 합격으로 인정한다.
* 실력 향상을 위하여 매회 소요시간을 기록한다.

낱말 명	1차 기록	2차 기록	3차 기록	4차 기록
인터넷뱅킹	분 초	분 초	분 초	분 초
최고경영자	분 초	분 초	분 초	분 초
프랜차이즈	분 초	분 초	분 초	분 초
산업박람회	분 초	분 초	분 초	분 초
서울특별시	분 초	분 초	분 초	분 초
아이스링크	분 초	분 초	분 초	분 초

빠른 독서를 위하여 한 행의 글자를 한두 번에 나누어 읽자!

우리는 글을 읽을 때 글자 한 자 한 자씩 읽어가는 습관이 있다.

따라서 코 스 모 스 길, 코 스 모 스 꽃 이라는 낱말이 있을 때 한 글자씩 또박또박 읽어, 다섯 글자까지 모두 읽었을 때 비로소 이 낱말이 무엇을 뜻하는지 알 수 있다.
마지막 한 글자 차이로 길인지 꽃인지 뜻이 달라진다.
이러한 글들을 훈련을 통하여 한 자씩 읽는 것이 아니라 한 자 보는 속도로

코 스 모 스 길, 코 스 모 스 꽃 다섯 글자를 한눈에 글자를 뭉쳐서 읽게 되면 순간적으로 보고 금방 뜻을 인지할 수 있게 된다.
글자 인지 훈련을 통하여 한 행의 글자를 두 번에 나누어서 인지하게 되면 더욱더 빠른 속도로 글을 이해하게 된다.

예를 들면 '나는 친구와 함께 등산했다.'
한 행을 묶음의 기호로 표시하고 세 번 정류해 읽는다.
기호 안의 글자를 한 덩어리로 묶어서 보며 빠르게 안구만을 이동해 따라가 보자!

'서울의 밤거리는 너무나 아름답다.'
한 줄의 문장을 두 번으로 나누어서 인지하게 되면 자신이 가지고 있는 독서 능력의 10배 이상까지도 높힐 수 있다.
속독훈련을 통하여 속독을 가능하게 만드는 것이다.

실전 속독을 위한 이해도 훈련 설명

1. 앞에서 기호나 글자인지 훈련과 같은 속도를 유지하면서 바르게 인지하며 이동해 나간다.

2. 최대한 독시야를 넓게 확보한 상태에서 많은 글자를 한눈에 보아 나간다.

3. 되도록 ┌ · ┐ 기호 안의 글자를 한 자 보는 속도로 인지하며 훈련해 나간다.

4. 마음은 최대한 편안하게 하고, 몸은 세워서 바른 자세를 유지한다.

5. 집중하여 글의 내용을 이해 중심적으로 빠르게 훈련해 나가는 것이 매우 중요하다.

6. 글을 읽어 나갈 때에 머리는 움직이지 말고 안구를 약간만 움직여 이동해 나간다.

7. 실전 속독 훈련은 한 번이 아니라 반복 훈련으로 소요시간을 단축한다.

8. 꾸준히 연습하다 보면 자신도 모르는 사이에 몸에 익숙해져 자연히 속독할 수 있게 된다.

9. 훈련 시 매회 초시계를 미리 준비한다.

돈키호테의 도전정신을 배워라!

[총 글자 수 : 1,887자]

마드리드 스페인 광장에는 말을 탄 돈키호테와 나귀 위에 올라탄 산초, 작가 미겔 데 세르반테스 동상이 작가 사후 300주년을 기념하여 만들어져 있다. 지혜의 왕자가 별명인 세르반테스는 1547년 스페인의 마드리드 근교에서 태어난 작가로 레판토 해전에서 한쪽 팔을 잃고, 그 후 군 생활 중에 포로가 되어 알제리에서 노예 생활을 하기도 했다. 작가는 우여곡절 인생 끝에 58세에 돈키호테를 완성했다고 한다. 돈키호테는 서구문학에서 가장 널리 읽히는 베스트셀러 고전 중 하나이다. 풍자와 유머, 삶의 진실이 담겨 있다. TV의 개그 프로가 실컷 웃고 나면 감동이 있고 진실이 있듯이. 당시 유행하던 중세 기사 이야기를 희극적으로 풍자한 소설로 중세의 가치인 기사도 정신을 지키려는 자와 새로운 가치를 수용하려는 자 사이의 갈등과 혼란이 잘 그려져 있다. 새로운 인물을 창조하여 소설의 효시라고 한다. 돈키호테의 무대는 스페인 라만치 평원이다. 풍차를 거인으로, 농부의 딸 로렌스를 둘시네아 공주로, 놋대야를 황금투구로, 양떼를

(377자)

군대로 착각하여 좌충우돌하는 재미있는 이야기이다. 주인공은 과대망상에 빠져 있다. 돈키호테는 숱한 우롱과 조소 속에서 시행착오 끝에 자신의 어리석음을 깨닫고, 유언장을 남기고 숨을 거둔다.

'하인 산초에게 섬의 영주를 시켜주겠다고 약속했으나 지키지 못함에 대해 속죄하고 남은 돈 전부를 산초에게 준다.' '사랑하는 조카딸에게 결혼할 상대는 기사소설 주인공으로 손색이 없는 인물을 택하라고 조언한다.'

'부디 내 생애가 후세에 잘못 알려지지 않도록 신경 써 주길 간곡히 부탁한다.'

돈키호테의 묘에는 다음과 같은 시비가 있다.

'용감하고 자랑스러운 사나이 돈키호테여.

고향 들녘에서 편히 잠드소서.

죽음의 신도 돈키호테의 이름을 지우지 못하리.

아아, 맑은 영혼을 남기고 떠나가신 그대여!

그 아름다운 생애가 후세까지 영원히 전해지기를.'

돈키호테의 행동 하나하나는 모험이자 풍자이고 아이러니하다. 자연을 위한 환경 보전과 인간을 위한 개발 사이, 이론과 실천 사이, 이상과 현실 사이에서 우리는 늘 갈등으로 고민한다. 돈키호테는 젊었을 때부터 책 읽기를 좋아했다. 소설 속의 주인공이 맘에 들어' 밤새도록 열심히 읽는 책은 주로 기사도에 관한 책이었다. (423자)

 글자 뭉쳐보기 훈련

'주인공이 편독이 심했군.' '문제가 있겠어.'

수많은 정의의 용사가 여러 나라를 돌아다니면서 강한 자를 물리치고 약한 자를 도와가며, 한 성의 주인이 되기도 하는 무용담이다.

무용담이란 싸움에서 용감하게 활약하여 공을 세운 이야기다.

술만 마시면 한국전쟁이나 월남전에서의 무용담을 늘어놓는 내용의 소설도 많다.

어려움을 극복하고 승리를 이끌어낸 경험은 누구에게나 무용담이 된다.

언제나 머릿속에는 허무한 공상으로 가득했다.

'돈키호테! 당신은 자신을 주인공이라고 상상할 특권을 누렸군요!'

'그렇지만, 이야기의 주인공과 자기를 구별하지 못하면 어쩌나.'

자신이 화려한 기사도 시대에 살고 있다고 착각하게 된다.

가엾게도 지나치게 이야기에 열중한 나머지 정신이 이상해진 것이다. 지주는 이것을 깨닫지 못하고 엉뚱한 일을 해보려고 마음을 먹는다. 자기도 기사가 되어 이야기의 용사들처럼 갑옷을 입고 말을 타고 천하를 떠돌아다녀 본다는 것이다.

자신의 이름을 세계에 알릴 부푼 꿈을 꾸며 멋진 이름을 생각해 낸 것이 바로 돈키호테이다.

돈은 기사의 신분을 나타내는 칭호이다.

뼈와 가죽만 남은 여윈 말, 로시난테. 돈키호테는 세상에서 가장 훌륭한 말이라 생각한다.

이웃 사람들, 만나는 사람마다 돈키호테를 비웃고 농락하며, 꾀에 빠트릴 때마다 하인

(465자)

산초가 돈키호테의 어리석음과 무지함에 대해 알려주지만, 순진한 돈키호테는 남을 의심할 줄 모르고 자기의 힘에 벅찬 정의감과 인간애를 잃지 않고 이상향을 향하여 나간다.

모험을 찾아 이곳저곳 떠돌아다니면서 언제나 기사도 정신을 강조하고 또 강조하며 그것을 지키려고 노력하는 돈키호테이지만 그때마다 항상 이상과 현실에서 부딪친다.

"내가 늦게 출발할수록 세상은 그만큼 커다란 불행에 빠지게 된다."

책읽기를 게을리한 지난날을 후회하지 말고 지금부터 읽어라. 지금이 가장 빠른 때다.

"돈이 없으면 여러 가지로 불편하다. 부상당했을 때 약값이 필요하고~" 정의와 돈은 공존해야 한다. 더 나가서 책에서 얻은 지식과 자본은 공존해야 되지 않을까.

"내가 왕이 되면 아내는 왕비, 아들은 왕자가 된다."

"훌륭한 기사가 되는 건 쉬운 일이 아니다."

"날 따라오기 싫으면 돌아가라, 네 급료를 지급하도록 유언장에 쓰여 있다."
고생하고 있는 하인에 대한 배려이다.

"주인님! 사서 고생하는 겁니다."

"못난 놈 눈에는 못난 놈만 보이는 법이다."

"한쪽 문이 닫히면 한쪽 문이 열린다."

웃고 지나 갈 내용 중에서도 스토리 속에 명대사가 많다.

돈키호테는 분명히 비이상적이고 이상한 사람이지만, 그 꿈을 버리지 않는 강인함이 있다. (440자)

반면 우리는 이상과 현실에 대해 생각만 하고 고민만 할 뿐, 행동으로 실천하지 않는다.

누군가는 돈키호테가 어느 조직이나 있는 법이라고 말한다.

과대망상에 빠졌다고 돈키호테를 비난할 수 있을까?

그에게서 도전의식을 배워라!

설령 도전한다 하더라도 금방 포기하며, 실패에 대한 두려움 때문에 또 포기하고 만다.

더 나은 현실을 꿈꾸는가?

돈키호테의 정신을 배워라!

현실에만 안주하지 마라!

용기를 가져라!

더 큰 꿈과 비전을 위해!

그리고 행동하라!

실천하라! (182자)

*기록이 단축될 수 있도록 매회 소요시간을 꼭 기록하자.

1차 소요시간	2차 소요시간	3차 소요시간	4차 소요시간	5차 소요시간
초	초	초	초	초

[돈키호테의 도전정신을 배워라!]
이해도 테스트

[문제 1] 세르반테스가 우여곡절 끝에 돈키호테를 완성한 나이는? (   )
① 55세   ② 56세   ③ 57세   ④ 58세

[문제 2] 돈키호테 작품의 무대는 어디인가? (   )
① 스위스   ② 스페인   ③ 스웨덴   ④ 덴마크

[문제 3] 로시난테는 어떤 말인가? (   )
① 훌륭한 말   ② 여윈 말   ③ 통통한 말   ④ 힘센 말

[문제 4] 돈키호테의 어리석음과 무지함을 알려주는 사람은? (   )
① 하인 산초   ② 농부의 딸 로렌스
③ 둘시네아 공주   ④ 군인

[문제 5] 돈키호테의 '돈'은 어떤 뜻인가? (   )
① 금전   ② 명예   ③ 기사   ④ 성주

글자 뭉쳐보기 훈련

쉬어가는 곳

집중력 향상을 위한 두뇌 훈련 [자·모음 인지]

* 아래 보기에서 낱말을 선정하고 자·모음을 조합하여 빠르게 글자를 완성해 보자.
* 선정한 낱말 자·모음에 흐리게 연필로 ◯를 표시해 보자.
* 지우개로 지워가며 여러번 훈련해 보자.

ㅈ	ㅖ	ㅂ	ㄱ	ㅛ	ㅅ	ㅑ	ㅐ
ㄷ	ㅏ	ㄴ	ㅐ	ㅁ	ㅇ	ㄹ	ㅎ
ㅋ	ㄲ	ㅊ	ㅌ	ㅕ	ㅣ	ㅠ	ㅜ
ㅍ	ㅓ	ㅡ	ㅂ	ㅏ	ㄴ	ㅑ	ㄱ
ㅗ	ㅎ	ㅛ	ㅔ	ㅅ	ㄹ	ㅈ	ㅐ
ㅊ	ㅁ	ㅠ	ㅏ	ㅌ	ㄸ	ㅗ	ㅣ
ㅇ	ㅒ	ㅜ	ㅍ	ㅡ	ㅕ	ㅋ	ㄷ

보기 1 한 글자 낱말 [5초 이내 찾으세요.]

산, 들, 강, 꽃, 물, 창, 곰, 말, 벌, 양, 배, 귤, 감
소, 눈, 달, 공, 귀, 손, 발, 별, 콩, 팥. 용. 닭, 책

보기 2 두 글자 낱말 [10초 이내 찾으세요.]

바다, 구름, 하늘, 바람, 암석, 수박, 딸기, 사과. 오리
사슴, 기린, 악어. 사자. 돼지. 타조, 가방, 학교, 전화

제주도 여행 이야기

[총 글자 수 : 2,989자]

내가 가고 싶은 곳은 우리나라의 최남단 가장 큰 섬, 대륙과 해양을 연결하는 요충지이며 천혜의 자연경관이 수려한 세계적인 휴양 관광지인 제주도이다.

유네스코가 선정한 세계자연유산 3관왕에 등극한 대한민국 제주가 2011년 12월 21일 마침내 세계 7대 자연경관으로 선정되는 쾌거를 이뤄냈다.

제주도는 7가지 테마(섬, 화산, 폭포, 해변, 국립공원, 동굴, 숲)를 모두 갖추고 있다.

제주도의 중앙에는 한라산이 있는데, 남한에서 가장 높은 휴화산으로 해발 1,950m이고, 한라산을 기준으로 360여 개의 오름이 있다.

산 아래 중산간 지역을 중심으로 말들이 살기 좋은 넓은 초원이 끝없이 펼쳐져 있다. 우리 조상들은 이곳에서 조랑말을 키워 왔다. 조랑말은 제주마라고도 한다.

조랑말은 머리는 영리하고 몸동작이 경쾌하며 온순하며 작은 체격에 비해 하루 32km씩 22일간 연속 행군할 정도로 강인한 체질과 인내심을 가지고 있다.

조랑말은 우리 민족과 더불어 생존해온 유일한 재래 가축이며, 상고시대, 부여 및 고구려 시대부터 사육됐다고 한다. 봄이 되면 한라산 중턱에서는 싱싱한 풀들이 자라며 그 풀을 뜯으며 신나게 뛰어노는 조랑말들을 자주 볼 수 있다. 제주도에서는 갓 태어나거나 덜 자란 망아지를 사투리로 '몽생이'라고 부른다.

(454자)

2013년 11월 28일 제주도의 누적 방문객은 천만 명을 넘어섰다. 이는 세계적인 섬 관광지인 발리(895만 명), 하와이(799만 명)를 넘는 수치라 한다.

국제적인 관광지로 거듭나기 위해 제주도를 찾아오는 모든 관광객에게 제주의 문화를 체험할 수 있는 다양한 관광 자원이 더욱 필요할 때이다.

제주도에는 인천, 목포, 장흥, 고흥에서 배편으로 갈 수 있다.

크루즈 여행은 비행기보다 시간이 오래 걸리지만 긴 시간 동안 다양한 경험을 할 수 있어 여행의 아름다운 추억으로 기억될 수 있다.

인천항 연안여객터미널에서 오후 6시 30분에 배가 출항하여 다음 날 아침 7시 30분에 제주도에 입항하게 된다. 총소요시간은 약 13시간이 걸리게 된다.

서해의 망망대해에 어둠이 깔리면 고깃배 어선들의 불빛과 어우러져 선상 위의 화려한 불꽃 쇼가 연출된다. 여행객들은 머리 위에서 불꽃이 '펑펑' 터질 때마다 환성을 지르거나 춤을 추며 사진을 찍느라 정신이 없다.

선상의 불꽃 쇼, 노래자랑 및 이벤트가 끝나면 배는 다시 적막한 바다 위의 어둠을 가르며 말없이 남해의 제주로 미끄러져 간다.

긴 시간이 지나고 바다 세상은 어둠이 서서히 거치기 시작하고 수평선에서는 서서히 붉은 해가 떠오르기 시작한다.

눈앞에 붉은 해가 환하게 비치는 순간 선상의 모든 사람이 '와!' 하고 함성을 지르며 일출의 장관을 카메라에 담는다.

멋진 해돋이를 선상에서 본다는 것은 새 희망을 품듯이 가슴 벅찬 일이다.

아침의 바다를 구경하는 동안 지루함도 없이 배는 어느덧 제주항에 도착한다. (537자)

제주도에 추운 겨울이 찾아오면 눈 덮인 한라산은 장관을 이룬다.

날씨가 따뜻한 제주라도 겨울에 한라산을 등반하기 위해서는 등산 장비를 갖추는 것이 기본이다.

방한복과 방한모, 등산화와 장갑은 필수이며 아이젠까지 철저히 준비해야 한다. 겨울 산행은 눈길이 얼어서 미끄러워 아이젠을 착용하지 않고는 올라가기 힘이 들고 스틱도 꼭 가지고 가야 한다.

그리고 따뜻한 물과 도시락이 필요하고 산행 시 체력 보충을 위해 초콜릿을 준비해야 한다. 또 갈증을 없앨 수 있는 오이나 귤을 준비하는 것도 잊지 말아야 한다.

한라산의 정상은 백록담이다. 성판악까지는 관광버스로 이동하는 것이 보통이고 본격적인 등산은 성판악에서부터 시작된다.

성판악 탐방안내소에서 한라산 정상까지는 총 9.6km이다. 대피소가 있는 진달래밭에 낮 12시 전(여름에는 낮 12시 30분)에는 도착해야 대피소를 통과할 수 있고, 그래야만 한라산 백록담까지 올라갈 수 있다. 진달래밭 대피소부터 백록담까지는 2.3km이다.

진달래밭에 늦게 도착하면 관리인에게 더 이상 올라가지 못하도록 통제를 받는다. 통과하지 못한 등산객들은 진달래밭 대피소에서 맛있는 도시락으로 아쉬움을 달래고 왔던 길로 다시 하산할 수밖에 없다.

진달래밭 능선을 통과하여 약 1시간 30분 정도를 더 걸으면 한라산 정상에 이르게 된다. 정상에 오른 등산객들은 백록담의 아름다운 경치를 구경하며 정상 등반의 순간을 카메라에 담는다. 준비한 도시락을 먹으면서 약간의 휴식시간을 가진 후 관음사 쪽으로 하산하게 된다.

(547자)

구전에 의하면 백록담에서 하늘에서 내려온 신선들이 백록주를 마시고 놀았다고 하며, 또 흰 사슴으로 변한 신선과 선녀의 전설에 유래해서 백록담이라 불렀다고 한다.

백록담은 아름다운 화산호로 동서 길이 약 600m, 남서 길이 약 500m에 이른다. 과거에는 1년 내내 수심 5~10m의 물이 고여 있었으나 담수 능력이 점점 떨어져 수심이 계속 낮아지고 있으며 바닥을 드러내는 날도 많다고 한다. 참으로 안타까운 일이다.

제주도의 여름……

서울에서 비행기편으로 2박 3일 동안 제주도에 다녀왔다.

제주도에는 민속자연사박물관, 만장굴, 유리박물관, 삼양선사유적지, 천지연폭포, 성산일출봉, 용두암, 돌문화공원, 성읍민속박물관, 우도 등 이곳저곳에 다양한 볼거리들이 아주 많이 있다.

많은 곳을 2박 3일이란 짧은 기간에 다 둘러보기란 시간이 부족했다.

제주공항에 도착해서 버스로 북제주의 함덕서우봉해변으로 이동했다.

해변에 도착하여 수영복으로 갈아입고 바닷가로 나가 넓은 수평선을 바라보니 가슴이 확 트였다. 나는 지체 없이 시원한 물속으로 들어가 수영을 하며 더위를 날려 보냈다.

해변에서 수영과 식사와 독서로 한나절을 보낸 후, 다른 장소로 이동을 위해 짐을 정리했다. 근처 버스정류소에서 일주도로 버스를 타고 동제주의 성산일출봉과 가까운 정류소에서 내렸다. 버스정류소에서 가깝고 조용한 민박집을 찾아 숙소를 정하고, 제주도 냄새가 물씬 풍기는 민박집 아주머니가 차려주신 밥상으로 저녁을 먹고 주변을 산책한 후 하루 일정을 마무리했다.

(542자)

다음날에는 일출봉 정상에 올라, 일출을 볼 계획이었기 때문에 아침 일찍 일어났다.

날씨가 좋으면 일출을 볼 수 있고, 운무가 있는 날에는 일출을 볼 수가 없다. 그날은 운이 좋았는지 날씨가 맑아 성산 일출봉에서 해 뜨는 광경을 볼 수 있었다.

일출봉 정상에서 내려와 아침 식사를 한 후에 우도로 가는 배에 올랐다.

제주도라는 섬에서 더 작은 섬으로 여행한다는 것이 신기했다.

우도는 바다에서 보았을 때 소가 누워있는 모습이라 우도라 부른다고 한다.

우도에는 하루 동안 무제한 이용할 수 있는 순환버스가 있다.

순환버스를 타고 우도를 한 바퀴 둘러보는 중 아름다운 우도산호해변이 눈에 들어왔다.

바닥에는 흰색의 보석을 깔아 놓은 듯이 하얀 산호모래가 펼쳐져 있고, 물은 투명한 푸른색이어서 바다 속까지 훤하게 보인다.

짧은 우도 여행을 아쉬워하며 출항하는 배를 타고 성산항으로 나왔다.

성산항에서 버스를 타고 남제주의 서귀포 중문관광단지의 중문해수욕장에 도착하여 해수욕을 즐기고 아이스크림과 해산물을 맛있게 먹었다.

다시 버스를 타고 서제주 쪽에 있는 협재해수욕장으로 이동하였다. 그곳에는 자전거로 제주도를 여행하고 있는 초등학생들이 모여 있었다.

한여름 푹푹 찌는 날씨에 얼마나 힘들까?

힘든 여행이지만 단체생활에 잘 적응하고 있는 아이들이 대견스러웠고 얼굴이 까맣게 타버린 아이들의 초롱초롱한 눈동자가 무척 인상적이었다.

(503자)

해변 근처에 숙소를 정하고 짐을 푼 후, 주변에 있는 한림공원에 갔다.

한림공원은 10만 평 규모로, 엄청나게 큰 곳이다. 창립자가 직접 키웠다는 야자수 길과 협재·쌍용동굴, 석분재원, 민속마을, 사파리조류원, 재암수석관, 연못정원, 아열대식물원을 구경하였다.

두 시간 정도 구경을 한 후 바다를 보며 저녁을 먹고 더위를 식힐 겸해서 먹은 수박은 꿀맛이어서 여행을 더욱 풍성하게 만들어 주었다.

날이 어두워지면서 밤바다 구경을 다시 나왔는데, 백사장은 폭죽을 쏘아 올리고 있는 어른들과 아이들로 무척 소란스러웠다. 그들은 참으로 행복해 보였다.

여행 마지막 날은 집에 돌아가야 하기 때문에 일찍 눈을 떴다.

공항으로 가는 길에 비행기 출발 시간이 남아 애월해수욕장에서 바다풍경을 감상하며 바닷물에 잠시 발을 담갔다.

짧은 시간 동안 머문 애월해수욕장이 제주도의 마지막 관광지였다.

애월에서 제주공항 가는 버스를 타고 공항에 도착하여 서울로 출발하는 비행기에 탑승했다.

제주도는 아름다운 섬, 평화스러운 섬, 보물 같은 섬이라는 것을 실감했고, 2박 3일의 제주 여행은 평생 잊을 수 없는 추억으로 남을 것이다. (406자)

*기록이 단축될 수 있도록 매회 소요시간을 꼭 적으세요.

1차 소요시간	2차 소요시간	3차 소요시간	4차 소요시간	5차 소요시간
초	초	초	초	초

제주도 여행 이야기

[제주도 여행 이야기]
이해도 테스트

[문제 1] 제주도 한라산의 높이는 몇 m인가요? (   )
① 1,900m   ② 1,950m
③ 2,050m   ④ 2.744m

[문제 2] 중산간 지역에서 기르고 있는 동물은 무엇인가요? (   )
① 사슴   ② 소
③ 염소   ④ 조랑말

[문제 3] 제주도 사투리로 망아지를 무엇이라 부르나요? (   )
① 몽생이   ② 망둥이
③ 조랑이   ④ 꼬맹이

[문제 4] 아름다운 산호해변이 있는 섬은 어디인가요? (   )
① 마라도   ② 가파도
③ 우도   ④ 추자도

[문제 5] 2박 3일 동안 제주도를 여행한 교통수단은 무엇인가요? (   )
① 자전거   ② 택시
③ 오토바이   ④ 버스

212 글자 뭉쳐보기 훈련

마지막 잎새의 희망

[총 글자 수 : 4,311자]

뉴욕의 워싱턴 광장 서쪽에 좁은 골목들이 여기저기로 뻗어 있는 곳에 가난한 예술가들이 많이 모여 사는 지역이 있다.
사람들은 이 골목길을 여러 갈래로 쪼개 놓아 '플레이스'라고 부른다.
길 모양이 기이하고 모퉁이가 많아 마치 미로찾기 게임 같다.
가난한 화가들은 플레이스를 이용할 수밖에 없었다.
미술 용품인 종이, 물감, 캔버스 등을 외상으로 살 수 있는 곳이기 때문이다.
외상값을 지급하지 못하는 화가들이 골목을 이리 저리로 피해 다니고 물건값을 받으러 온 상인을 따돌리는 진풍경도 생긴다.
골목길이 어수선하여 누구든 일단 들어서면 되돌아가기가 어렵고 복잡하여 도망다니는 화가들을 붙잡기란 쉽지 않다.
"어? 이 거지 놈아? 앞으로 절대 외상 못 줘!"
"내가 다시 외상을 주면 내 손에 장을 지진다."
"사장님! 정말 죄송합니다! 그림이 쉽게 팔리지 않네요. (302자)

"며칠 후에 꼭 갚겠습니다."

"제발, 한 번만 봐주세요!"

"왜 이러세요. 마음 약한 분은 사장님이잖아요."

"항상 고맙게 생각하고 있어요."

"내가 유명한 화가가 되면 한턱 내겠어요. 약속드려요."

"허허, 그래요. 잘 되어야지! 암~열심히 그림이나 그리세요."

화가와 화방 주인의 대화는 인간미가 흐른다. 낡고 허름한 곳이지만 다양한 종류의 예술가들이 많이 모여 예술인촌을 이루고 있다. 집들의 창은 대부분 북쪽으로 향해 있다. 18세기 박공판, 네덜란드의 지붕 밑에 다락방을 갖추고 있다. 집세가 저렴하니 돈 없는 예술가들이 모여 살기 좋은 곳이다. 이 마을 낡은 아파트에 무명의 여류화가 존시가 있다. 존시는 자존심이 세지만 화가의 꿈을 품고 열심히 생활하고 있었다. 룸메이트인 친구 수우 역시 생활력이 강하고 화가의 꿈을 포기하지 않고 가난한 예술가의 생활을 묵묵히 이겨내고 있었다. 존시와 수우에게 최대의 고비는 존시가 폐렴에 걸리면서 시작되었다. 언제 죽을지 모를 정도로 심각한 상황이다. 존시는 삶에 대한 희망을 잃고 하루하루를 눈물로 보낸다. 수우의 보살핌과 격려도 아랑곳없이 하는 일이라고는 창문 쪽을 바라보는 일뿐이다. 창문 너머로 보이는 담쟁이덩굴 잎이 다 떨어질 때 자기의 생명도 끝난다고 생각하는

(442자)

것이다.

같은 아파트에 사는 친절한 할아버지 화가가 심한 비바람에도 견디어낸 진짜 나뭇잎처럼 보이는 나뭇잎 하나를 벽에 그려 존시에게 삶에 대한 희망을 주는 이야기다.

어느 11월에, 존시와 수우가 사는 동네에 폐렴이 유행처럼 번져 죽음의 마을이 되었다.

당시 마을 사람들이 많이 사망했다.

폐렴은 폐에 생기는 염증으로 폐렴 쌍구균, 바이러스, 미코플라스마 따위에 감염되어 일어나며, 화학물질이나 알레르기로 말미암아 일어나기도 한다. 오한, 고열, 가슴앓이, 기침, 호흡곤란 따위의 증상을 보인다.

존시는 침대에 누워 거의 움직일 수도 없는 상태여서 작은 창문을 통해 바깥을 내다보는 게 일과다.

존시는 누워서도 옆 건물인 벽돌집의 담벼락을 볼 수 있었다.

어느 날 아침 의사가 와서 존시를 진찰했다.

"존시가 살 수 있는 확률은 10%입니다."

"10% 확률도 살려는 의지가 중요합니다."

"존시는 병을 이겨내려는 의지가 없어요. 혹시 무슨 다른 걱정이 있는 것일까요?"

"이탈리아 나폴리 만을 그리고 싶어 했어요."

나폴리 만은 이탈리아 반도의 서쪽 연안에 있는 만으로 반원 모양이고, 북쪽에는 나폴

(394자)

리가 있고 동쪽은 활화산인 베수비오 산이 있어 경치가 매우 아름다운 곳이다.

"그림을 그려요?"

"그림? 존시는 심적으로 고민하는 게 있지 않을까요? 예를 들면 남자문제라든가?"

"남자요?"

"남자가 고민할 가치가 있다고 생각해요?"

"아니요, 선생님, 아닐 거예요."

"의사가 할 수 있는 것은 모두 하겠소."

"환자가 자기 장례식 행렬을 따라갈 마차들이 몇 개나 되는지를 세기 시작할 때마다, 의학의 치료 힘은 50%를 뺏기게 되죠."

의사가 가고 난 뒤 수우는 작업실에서 슬픈 생각에 엉엉 울었다.

휘파람으로 슬픈 노래를 불다 화판을 들고 존시의 방으로 갔다.

존시는 얼굴을 창문 쪽으로 돌리고 누워 있었다.

수우는 펜과 잉크로 잡지 기사의 삽화를 그리기 시작했다.

젊은 화가들은 성공할 때까지는 잡지 기사를 위한 그림을 그린다.

수우는 몇 번이나 되풀이되는 낮은 소리가 들려 재빨리 침대 옆으로 갔다.

존시는 눈을 크게 뜨고 있었다.

창밖을 내다보며 거꾸로 수를 세고 있었다.

"열둘, 열하나, 열, 아홉 그리고 여덟, 일곱"

창밖에 셀 것이 뭐가 있을까?

저기엔 빈 마당, 7미터 저편엔 아무것도 없는 집, 측면엔 벽이 있을 뿐인데. (391자)

뿌리가 썩어가고 있는 오래된 담쟁이덩굴이 벽에 한 절반쯤 기어 올라가고 있었다. 가을의 차가운 입김이 나뭇잎들을 세차게 때려 나뭇가지들만이 거의 가까스로 벽돌에 달라붙어 있었다.

"여섯"

"어, 더 빨리 떨어지네. 사흘 전만 해도 저기 백 개쯤 있었어."

"잎을 세느라고 골치가 아팠었는데. 이젠 세기 쉬워."

"어, 또 하나 떨어지네. 이제 다섯 개밖에 안 남았어."

"뭐가 다섯이란 말이니?"

"잎사귀 말이야. 마지막 잎이 떨어지면 나도 가겠지. 사흘 전부터 알고 있었어. 의사선생님이 말하지 않았어?"

"아니 난 그런 소리 들은 적 없는데"

"오래된 잎사귀와 네 병과 무슨 상관이 있다고 그래?

"넌 담쟁이덩굴을 좋아했잖아? 바보 소리 그만 해라."

"의사가 아침에 나 보고 그랬어."

"네가 병이 나을 확률은? 정확히 뭐라고 했더라?"

"음~ 십중팔구, 90% 나을 거라고 했어!"

"그러니 자아, 이제 수프 좀 먹어봐."

"그래야 나도 그림 좀 그리고, 빵과 포도주 좀 사오고 그럴 것 아니니?"

"포도주는 더 사올 필요 없어." (337자)

존시가 눈을 창에서 떼지 않은 채 말했다.

"또 하나 떨어지네."

"아니, 나 수프 먹기 싫어."

"이제 네 개밖에 남지 않았어."

"어두워지기 전에 빨리 마지막 잎이 떨어지는 걸 보고 싶어."

"곧, 나도 떠날 거야."

"존시야."

"너, 내가 일을 끝마칠 때까지 눈감고 있어 제발, 창밖을 안 보겠다고 약속해 줘!

이 그림들, 내일까지 제출해야 해."

"수우야~ 그럼 일이 끝나면 나에게 말해 줘."

존시는 눈을 감고 마치 쓰러진 석고상처럼 움직이지 않고 창백한 모습으로 누워 있다.

"하지만, 나는 마지막 잎사귀가 떨어지는 것을 빨리 보고 싶어."

"기다리는 게 지쳤어."

"계속 누워 있는 것도 싫고, 사는 것에 대한 생각하는 것도 싫고"

"이제 내가 집착하는 것들 자유롭게 놓아주고 싶어, 저 가엾고 지친 잎사귀처럼 자연스럽게 아래로 떨어지고 싶어."

"존시야~ 제발 잠을 좀 청해 봐."

"나는 아래층에 가서 베어먼 선생을 만나고 올게."

"내 그림의 늙은 광부의 모델을 부탁하려고."

"내가 다녀올 때까지 움직이려고 하지 마, 혼자 있을 때 위험하니까." (343자)

베어먼은 같은 아파트 일 층에 사는 무명화가이다.
수년 동안 대박 작품으로 화가 데뷔를 꿈꾸었지만, 아직 시작할 엄두도 못 낸 노인이다. 그는 가난한 화가들을 위해 모델 노릇을 하면서 약간의 돈을 벌어 살고 있다.
사납고 몸집이 작지만 같은 아파트에 사는 젊은 여자들을 보호해 주는 인간적인 사람이다.
베어먼 방 한쪽에는 빈 캔버스가 덜렁 하나 있다.
주인이 그려주기를 25년이나 기다리고 있다.
수우는 존시에 관한 이야기를 했다.
"존시가 마치 가랑잎처럼 둥둥 떠내려갈까 봐 두려워요."
"아니 담쟁이 잎들이 떨어지기 때문에 죽어야 할 운명이라고 생각하는 바보 같은 사람이 세상에 어디 있단 말이오."
"수우는 왜? 존시가 그런 바보 같은 생각을 하도록 내버려 두지?"
"존시는 중병이라 마음과 몸이 많이 약해졌어요."
"게다가 병 때문에 별 이상한 생각이 다 들게 된 거죠."
"이곳은 존시 같이 착한 아가씨가 앓아누울 곳이 못 돼."
"언젠가 내가 걸작을 하나 그릴 거니까 그때 우리 다 같이 여기를 떠나지."
그들이 이 층으로 올라갔을 때 존시는 잠들어 있었다.
존시와 노인은 겁을 먹으며 창문 밖 담쟁이덩굴을 보았다.
말없이 눈이 섞인 차가운 비가 내리고 있었다.
베어먼 씨는 광부의 모델로 포즈를 취했다. (429자)

마지막 잎새의 희망

이튿날, 수우는 잠에서 깨었다.

존시가 눈을 크게 뜨고 커튼으로 가려진 창을 바라보고 있었다.

"커튼 좀 걷어줘, 나 내다보고 싶어."

"밤새도록 내린 센 빗줄기와 혹독한 바람에도 벽에 담쟁이 잎사귀가 하나 있구나!"

그 덩굴에 붙어 있는 마지막 잎사귀이다.

한가운데는 진한 초록색이었고 잎사귀의 가장자리는 노란색으로 물들어 있었다.

땅에서 한 7미터 올라간 위치에 당당하게 붙어 있었다.

"이것이 마지막 잎사귀구나."

"나는 이파리가 밤에 틀림없이 떨어질 줄 알았어. 내가 바람 소리를 들었거든. 오늘은 떨어지겠지. 그러면 나도 동시에 죽을 거야."

"얘, 제발, 그러지 마." 핏기 없는 얼굴에 가까이 가 소곤대며 말했다.

"내 생각도 해줄래? 왜, 자기 자신만 생각하니? 옆에서 지켜보는 나는 얼마나 속상한데, 나보고 어떡하라는 거니?"

다음날이다. 이상하게도 담쟁이 잎이 그대로 있는 게 아닌가.

기적이다! 담쟁이 잎이 기적적으로 잘 버티어 줬어!

존시는 오랫동안 누운 채 잎새를 바라보고 있었다.

잠시 후 닭 수프를 만들고 있는 수우를 불렀다.

"수우야~ 내가 나빴어, 내가 살려는 의지가 약했던 것 같아."

"병마와 싸우려고 해보지도 않고 담쟁이 잎새의 운명이 나의 운명과 같다고 생각해서 일찍 포기해 버렸어." (429자)

"신이 마지막 잎새를 저기 남아 있게 해주셨어!"

"내가 얼마나 어리석은 사람이었는지 깨닫게 되었어."

"죽고 싶다고 생각하는 것은 잘못이었어."

"이제 수프 좀 가져다 줄래, 먹고 기운 차려야 하겠어."

"언젠가는 내가 꼭 이탈리아의 아름다운 나폴리 만을 내 손으로 그릴 거야."

그날 늦은 오후에 의사가 왔다.

"많이 좋아졌어요. 이제 기회는 50%입니다."

"옆에서 병간호만 잘해준다면 병을 이길 거예요."

"그런데요 음~ 수우씨! 부탁이 있어요. 이 아파트 안에 환자가 있는데 보호자가 없어서 수우씨가 돌봐주었으면 해요. 이름이 베어먼이라고 하던가. 아마 그림을 그리는 화가 같아요. 그 사람도 존시와 같은 폐렴환자죠. 연세가 있어서 병세가 심각해요. 희망은 없지만, 고통을 덜어주기 위해 오늘 병원에 입원하기로 했어요."

존시는 병이 호전되고 있는데 베어먼 선생이 중병이라니, 수우는 어이가 없었다.

그러고는 며칠이 지났다. 의사가 다시 존시 아파트를 방문했다.

"축하해요! 존시양, 이제 위험한 고비는 완전히 넘겼어요. 당신이 끝내 이겼어요, 허허."

"이제 제가 할 일은 다했어요. 영양식과 휴식으로 건강을 회복하세요. 그것뿐이에요"

존시의 회복을 기뻐하며 수우는 조심스럽게 베어먼 선생의 슬픈 이야기를 꺼냈다.

"오늘 베어먼 선생이 병원에서 폐렴으로 돌아가셨어."

"병원에 입원한 지 이틀 만에 돌아가셨어." (469자)

"첫날, 그분이 아래층 자기 아파트에서 몹시 앓고 계신 것을 사람들이 발견했대."

"신발하고 옷이 매우 젖어서 얼음처럼 차더란다."

"날씨가 궂은 날 밤에 베어먼 선생이 어디 갔었는지 아무도 상상도 못했대."

"사람들이 켜진 채로 있는 초롱을 발견했고."

"또 사다리가 제자리에 있지 않고 옮겨진 것을 발견했다는 거야."

"화구들과 초록색과 노란색 물감을 섞어놓은 그림판도 거기 있더래."

"얘! 존시야, 창문 좀 내다봐."

"벽에 붙은 마지막 담쟁이 잎사귀 좀 봐."

"마지막 잎새가 바람이 부는데도 조금도 움직이지 않고 있는 것이 이상하지 않았어?"

"베어먼 선생의 작품이야. 한평생의 걸작이야."

"마지막 잎이 떨어지던 날 밤에 베어먼 선생이 거기다가 그려 놓으신 거야."

오 헨리의 마지막 잎새의 소설 내용이다. 차갑고 세찬 비바람 속에서도 강한 생명력을 유지하는 담쟁이 잎새 하나를 보고 죽음을 눈앞에 둔 환자가 소생한다는 마지막 잎새의 희망이다. 나락으로 떨어질 위기 앞에서 희망의 끈을 놓지 않은 신념이 해피엔딩으로 끝나는 스토리다. 늦가을에 달랑 하나 남은 담쟁이 잎새를 보면 마지막 잎새의 줄거리를 연상하게 된다. 오 헨리는 뉴욕 소시민들의 생활을 낭만적으로 묘사하고 창작활동을 펴다 1910년 간경화로 세상을 떠났다. 내과의사인 아버지와 문학적 재능이 뛰어난 어머니에게서 태어났지만 어려서 양친을 잃어 학교 교육도 받지 못한 채 숙부가 운영하는 약방에서 일하며 생활해야 했다. (508자)

그러다가 텍사스 주로 가서 카우보이, 점원, 직공 등의 여러 직업을 전전하다 25세에 결혼했고 은행에 근무하다 공금 횡령혐의로 고소당하자 남미로 도망갔으나 아내가 위독하다는 소식을 듣고 돌아온 후 체포됐다.

교도소 내에서 약국 경험으로 약제계로 보내져 활동이 자유로워졌다. 본명은 윌리엄 시드니 포터이며 필명은 오 헨리이다.

딸의 양육비를 조달하기 위해 밤늦게까지 단편 창작에 몰두해야만 했다.

3년의 교도소 생활이 미국의 대표적 단편작가를 만들었다.

석방 후 자신이 '지하철 위의 바그다드'라고 묘사한 뉴욕에서 작가생활로 300편의 단편소설을 썼다. 따뜻한 휴머니즘을 탁월하게 그린 〈경찰관과 찬송〉〈마지막 잎새〉〈현자의 선물〉 등의 작품이 있다. (266자)

*기록이 단축될 수 있도록 매회 소요시간을 꼭 적으세요.

1차 소요시간	2차 소요시간	3차 소요시간	4차 소요시간	5차 소요시간
초	초	초	초	초

[마지막 잎새의 희망]
이해도 테스트

[문제 1] 플레이스 마을에는 어떤 병이 돌고 있었는가? (   )
① 간염   ② 피부병   ③ 폐렴   ④ 독감

[문제 2] 존시가 그리고 싶어 하는 그림은? (   )
① 나폴리만   ② 베네치아
③ 피렌체   ④ 미시시피강

[문제 3] 걸작인 마지막 잎새를 그린 사람은? (   )
① 존시   ② 의사   ③ 수우   ④ 베어먼

[문제 4] 마지막 잎새는 어느 나무의 잎사귀인가? (   )
① 오동나무   ② 담쟁이   ③ 떡갈나무   ④ 느티나무

[문제 5] 마지막 잎새의 그림은 누구를 위해 그렸나? (   )
① 존시   ② 수우   ③ 간호사   ④ 의사

제2편
기억의 장

민법 통째 암기비법
한글 가나다 공식에 의한 연상법

•••

국가고시 자격 취득을 위해
꼭 알아야 할 낱말공식 비법
헌법·민법 연상기억법, 숫자·낱말 기억공식 활용

- 천재와 둔재의 차이는 기억방법의 차이다.
- 공식과 암기방법도 기억의 기술이다.
- 기억과 회생훈련만으로도 집중력과 기억력이 향상된다.
- 연상의 방법으로 누구나 쉽게 기억할 수 있다.
- 칠판·노트·책의 내용을 그대로 기억한다.
- 자격 취득을 위해 무조건 기억할 수 있다는 자신감을 준다.
- 숫자로 된 것은 글자공식으로 무조건 기억할 수 있다.

뇌의 역할은 영역별로 나누어져 있다

우리의 뇌는 학습능력과 생활습관까지도 좌우하게 되므로 어린 시절부터 두뇌계발과 건강에 힘을 써야 한다.
뇌는 어려서부터 발달하여 15세까지 급속하게 발달하며 이후에는 점진적으로 성장을 유지하다가 20세부터는 퇴화가 서서히 진행된다.
뇌는 특별한 경우를 빼고 30~40세까지 별 문제를 일으키지 않으며 40대 이후부터 뇌의 노화가 빠르게 진행되기 시작한다.
기억력이 감퇴하면서 집중력이 털어지고 심하면 우울증과 불안증에 시달리기도 한다.
이러한 증상이 오래가게 되면 생각의 속도가 느려지고 집중력이 급격히 떨어지는 동시에 치매가 진행될 수 있으므로 신경을 써야 할 시기이다.
우리의 뇌는 두뇌훈련을 통하여 뇌를 강화시키고 단련시켜야 한다.
뇌는 반복적으로 자극을 가하면 신경세포 줄기가 강화된다. 처음 만난 사람의 얼굴과 이름을 기억하고 나서 5분 후 다시 한번 되뇌어서 기억해 봐야 한다.
기억력 향상을 위해 자주 거는 전화번호를 10개쯤을 외어보는 것도 도움이 된다.
기억을 위해서는 두뇌 속에 정보를 정리하는 것도 중요하다.
컴퓨터에 많은 정보를 저장하면 용량 미달로 과부하가 걸리게 되는 것과 같이 우리의 뇌도 기억할 수 있는 공간을 확보해 두어야 기억이 더 잘되게 된다.
그날의 중요한 일이나 해결해야 할 것을 즉각 처리하여 뇌가 뇌의 공간을 넓혀서 스트레스 받지 않게 하는 것이 두뇌 건강에 도움을 준다.
좌측의 뇌는 이성적 판단·계산·언어·분석·숫자·논리 등의 역할을 하며, 우측의 뇌는 공간·직감·창조·음악·예술 등을 담당한다. 따라서 좌·우뇌를 골고루 발달시키는 것이 중요하다.

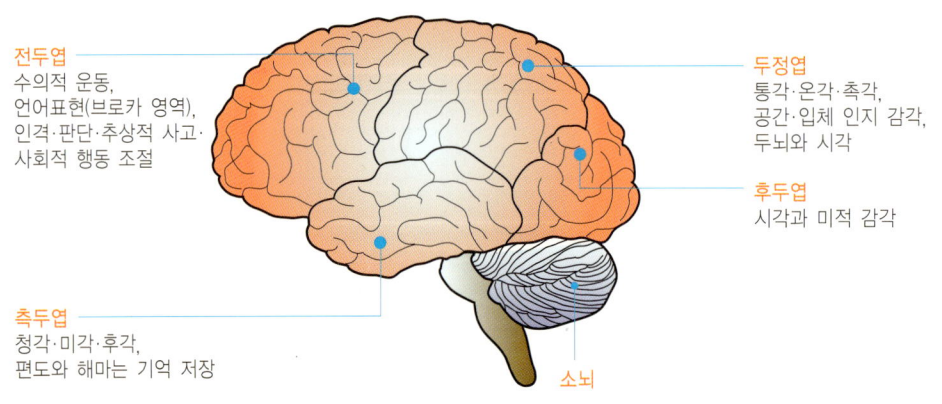

내 공부에 자신감을 준 두뇌의 열쇠

안녕하세요.

저는 대학생이던 23살에 손동조 원장님을 만나게 되어 속독법과 기억법을 배우게 되었습니다. 하지만, 군대에 가는 바람에 배운 것을 활용하지 못하다가 29살에 다시 스스로 원장님을 찾았습니다.

어릴 적 책 읽는 것에 관심이 없어서 성인이 되었을 때 일반상식의 부족함과 독서량의 부족 그리고 글자를 한 줄씩 더듬더듬 읽어가는 저 자신이 답답한 나머지, 인터넷 검색을 통하여 한국두뇌개발연구원을 찾게 되었습니다.

원장님의 지시에 따른 다양한 속독법 훈련을 통하여 점차 글을 이해하는 것이 수월해졌고 책과 거리가 있던 저는 스스로 책을 찾는 학생이 되어 학교 도서관에서 한번에 4~5권씩을 빌려 책상에 쌓아두고 읽을 정도로 자신감과 흥미를 얻었습니다.

기억법은 공간 지각을 통한 기억력을 높이는 방법으로 지금까지 왜 이런 방법으로 학습하지 않았나 하는 아쉬움이 있었습니다.

예전에는 학교에서 시험기간에 시간이 부족할 때도 벼락치기는 생각지 못하였지만, 지금은 기억법과 속독법을 배운 자신감으로 단기간에 책의 내용을 이해하고 시험에 임하여 만족할 만한 점수를 얻었고 장학금도 받는 행운을 얻고 있습니다.

또한, 학교 도서관에 있는 인체에 관련된 서적을 펼치고 엄청난 양의 구조와 이름들을 한번 보고 암기할 수 있는 자신감을 얻은 후로 생활의 편리함이 두뇌를 통하여 이루어진다는 것도 알게 되었습니다.

스스로 학습의 재미를 느끼고 뭐든지 암기할 수 있다는 확신을 가지고 이제 꿈을 향해 달리고 있습니다.

공부하는 데 흥미가 없는 분들, 또 글을 느리게 읽는 분들에게 기억법과 속독법을 자신있게 추천합니다.

비록 어린 친구들보다 늦게 배웠지만, 지금이라도 배움의 행복을 얻을 수 있게 도와주신 손동조 원장님께 진심으로 감사드립니다.

최 재 훈

뇌도 단련시키면 근육과 마찬가지로 발달하고 변화한다

인간이 살아가는 동안 뇌는 끊임없이 사고하고, 인지하고, 기억하고, 슬픔이나 기쁨을 느끼며, 이런 과정들을 매일매일 반복하며 살아가게 된다.

이렇게 복잡한 생활 속에서 주의가 산만하고 집중력이 부족하다면 두뇌계발로 기억력을 향상하는 동시에 고도의 집중력을 발휘시킬 수 있다.

우리의 몸은 근력 운동을 하여 단련시키면 근육질의 몸으로 만들 수 있듯이 뇌도 마찬가지이다.

뇌는 기억훈련으로 단련시킬 수 있으며 충분히 변화시킬 수 있다.

미국의 한 하버드대 정신과 교수는 일상생활에서 사용하지 않는 신경세포들을 깨워서 발달시킬 수 있다고 한 바 있다. 뇌속에 잠재되어 있는 세포들을 두뇌훈련으로 활성화시켜 기억력과 사고력, 집중력과 창의력, 그리고 학습능력까지 개발시킬 수 있다는 것을 밝혀내었다.

인간은 나이가 들어감에 따라 뇌가 쇠약해지고 뇌를 쓰지 않거나 사고하지 않으면 기억력이 감퇴할 수 있다. 우리는 잘 사용하지 않은 뇌신경을 두뇌운동을 통하여 기억력 등이 감퇴하는 것을 사전에 예방할 수가 있다.

뇌는 많이 사용하면 할수록 또 적당한 훈련으로 건강한 뇌를 만들 수 있다.

유년기 때부터 뇌를 많이 사용하면 뇌세포가 활성 되면서 세포의 가지가 생성되고 무성해지며 신경세포(뉴런)를 연결하여 시냅스의 수가 지속적으로 늘어난다.

뇌 조직의 강화로 빨리 기억하고 더 빨리 생각하게 되는 것이다.

❖ 간단하게 기억력 테스트를 해보자. [소요시간은 약 15초]
  ① 연필   ② 오징어   ③ 기차   ④ 축구공   ⑤ 시냇물
  ⑥ 의자   ⑦ 갈매기   ⑧ 사슴   ⑨ 전화기   ⑩ 소나무

*5개 이하로 맞추면 기억력 저하로 판단.
 8개 이상 맞추면 집중력과 기억력이 좋은 상태.
 10개를 다 맞추면 최상의 기억력 상태.

공신의 공부법!

공부의 신, 공부에 미친 사람, 죽도록 공부만 하는 사람, 공부만 하는 범생이……. 이런 공신들은 보통 건강을 위해 충분한 수면을 취하고, 공부를 교과서 위주로 정석대로 했다고 한다.
하지만, 공신들은 자신들의 공부비법을 숨기고 있다.

◼ 공부 자세 체크하기 ✓
1. 의자에 엉덩이를 붙여라, 궁둥이를 고정하라!
2. 의자에 바른 자세로 앉아 있는지 체크하라.
3. 장시간 앉아 공부할 수 있는 자세인지 체크하라.
4. 자신과의 전쟁을 치를 자세가 되어 있는지 확인하라.

◼ 공부 시간 체크하기 ✓
1. 몇 시간을 공부하겠다고 정하지 마라.
2. 공부 과목과 범위를 정하여 공부하라.
3. 10분 휴식을 1시간으로 연장하려 하지 마라.
4. 2시간 이상 집중하여 충분히 외우고 이해하는 공부를 하라.

◼ 공부 분위기 체크하기 ✓
1. 공부하다 말고 인터넷을 하지 마라.
2. 휴대폰은 책상 위에서 치워라.
3. 마음속에서 공부하려는 의지를 다져라.
4. 인터넷, 휴대폰, TV에서 자신을 분리하라.

공부방법 체크하기

1. 스톱워치를 활용하라.
2. 스토리를 만들어 기억하라.
3. 연상법, 암기법을 활용하라!
4. 속독법을 활용하라!
5. 한자를 많이 알아두어라!
6. 자투리 시간을 모아서 공부하는 시간을 늘이자.
7. 몇 초의 시간이라도 생기면 단어 하나라도 외우려 하자.
8. 자신의 실력과 과목에 따라 예습과 복습을 조절해라.
9. 암기가 안 된 것, 반복해서 외워 둘 것, 이해하는 시간이 필요한 것 등은 메모리 펜이나 색펜을 이용하여 표시하거나 메모장에 필기해둔다.
10. 메모장은 쉬는 시간 음료를 마시거나 화장실에 갈 때 혹은 머리를 식히기 위해서 야외 있을 때에도 손에서 놓치 말아야 한다.
11. 공부해야 하는 상황에서는 시간을 모아야 하고 쉬는 시간도 공부를 멈추지 말아야 공부의 시간이 연결돼서 집중할 수 있다.
12. 메모리펜은 목표로 하는 시험에 합격할 때까지 한 가지 제품을 사용하는 것이 좋으며, 다 쓴 펜은 모아둬라. 모아둔 펜을 보면 성취감도 높아진다.

공부보다 중요한 것 체크하기

1. 건강을 챙겨라.
2. 화목한 가족관계를 위해 감사하는 마음을 지녀라.
3. 적절한 운동으로 스트레스를 받지 말자.
4. 일찍 자고 일찍 일어나라.
5. 충분한 숙면을 취하자.
6. 공부하기 위해선 소식하라.
7. 자신의 공부방을 정리하자.

공부를 위하여 무조건 체크하기

1. 혼자 생각하기. 명상하라.
2. 공부일기를 써라. 성적일기를 써라.
3. 공부해야 하는 이유 10가지를 나열해 봐라.
4. 성적이 나쁜 이유 10가지를 나열해 봐라.
5. 가족이 감사한 이유 10가지를 나열해 봐라.
8. 인터넷, 휴대폰, TV에서 자신을 분리하라.
9. 자신의 공부법을 메모하라.
10. 암기법 공식을 메모하라.
11. 글씨는 정성 들여 쓰는 연습을 하라.
12. 밥을 먹으면서도 책을 봐라.
13. 공부하는 습관을 자신이 만들어라.
14. 익숙한 것에 연관지어 외워봐라.
15. 머릿속에서 공부한 내용을 그림으로 그려라.
16. 전화번호를 10개를 외워봐라.

[차행 0] 공 차표의 장(場) 1~9

3의 원리	고속버스 – 좌(左)		예비군 – 중(中)		매표소 – 우(右)	
상(上)	1	고속버스 거울	4	예비군 모자	7	매표소 표시판
중(中)	2	고속버스 라이트	5	예비군복	8	매표소 판매원
하(下)	3	고속버스 바퀴	6	예비군 군화	9	매표구

[가행 10] 십(열) 가지밭의 장(場) 11~19

3의 원리	가지나무 – 좌(左)		뱀 – 중(中)		비닐 하우스 – 우(右)	
상(上)	11	가지나무 잎	14	뱀 머리	17	비닐하우스
중(中)	12	가지	15	뱀 몸통	18	바구니 손잡이
하(下)	13	가지나무 줄기	16	뱀 꼬리	19	가지 바구니

[나행 20] 이인 나팔의 장(場) 21~29

3의 원리	병사 - 좌(左)		대포 - 중(中)		창 - 우(右)	
상(上)	21	병사 모자	24	포신	27	창날
중(中)	22	병사 단검	25	대포 바퀴	28	창대
하(下)	23	병사 신발	26	대포알	29	방패

[다행 30] 삼촌 다리미의 장(場) 31~39

3의 원리	다리미 - 좌(左)		구두약 - 중(中)		상의 - 우(右)	
상(上)	31	다리미 손잡이	34	구두약 뚜껑	37	견장
중(中)	32	다리미	35	구두약	38	명찰
하(下)	33	다리미판	36	구둣솔	39	주머니

공간력 공식

[하행 40] 사나운 하마의 장(場) 41~49

3의 원리	거북이 – 좌(左)		하마 – 중(中)		파랑새 – 우(右)	
상(上)	41	거북이 머리	44	하마 입	47	파랑새 부리
중(中)	42	거북이 등	45	하마 머리	48	파랑새 날개
하(下)	43	거북이 꼬리	46	하마 등	49	파랑새 꼬리

공간력 공식

[마행 50] 오! 마술이여의 장(場) 51~59

3의 원리	마술사 – 좌(左)		마술 상자 – 중(中)		사자 – 우(右)	
상(上)	51	마술사 모자	54	보자기	57	사자 머리
중(中)	52	마술사 옷	55	상자	58	사자 발
하(下)	53	마술사 신발	56	받침대	59	사자 꼬리

공간력 공식

[바행 60] 육중한 바둑판의 장(場) 61~69

3의 원리	방석 – 좌(左)		바둑판 – 중(中)		바둑알 통 – 우(右)	
상(上)	61	방석	64	판 위 바둑알	67	통 뚜껑 손잡이
중(中)	62	찻잔	65	바둑판	68	통 뚜껑
하(下)	63	찻잔 받침	66	바둑판 다리	69	바둑알 통

공간력 공식

[사행 70] 칠성 사이다의 장(場) 71~79

3의 원리	여자아이 - 좌(左)		돗자리 - 중(中)		분수대 - 우(右)	
상(上)	71	유치원 모자	74	사이다	77	분수
중(中)	72	유치원 가방	75	김밥	78	분수 파이프
하(下)	73	아이 치마	76	컵	79	분수대

공간력 공식

[아행 80] 팔에 아이스크림의 장(場) 81~89

3의 원리	솜사탕 기계 – 좌(左)		아이스크림통 – 중(中)		사람 – 우(右)	
상(上)	81	솜사탕	84	아이스크림통 뚜껑	87	물안경
중(中)	82	솜사탕 기계	85	아이스크림통	88	숨쉬는 호수(스노쿨)
하(下)	83	솜사탕 리어카	86	아이스크림통 줄	89	물갈퀴

공간력 공식

[자행 90] 구식 자전거의 장(場) 91~99

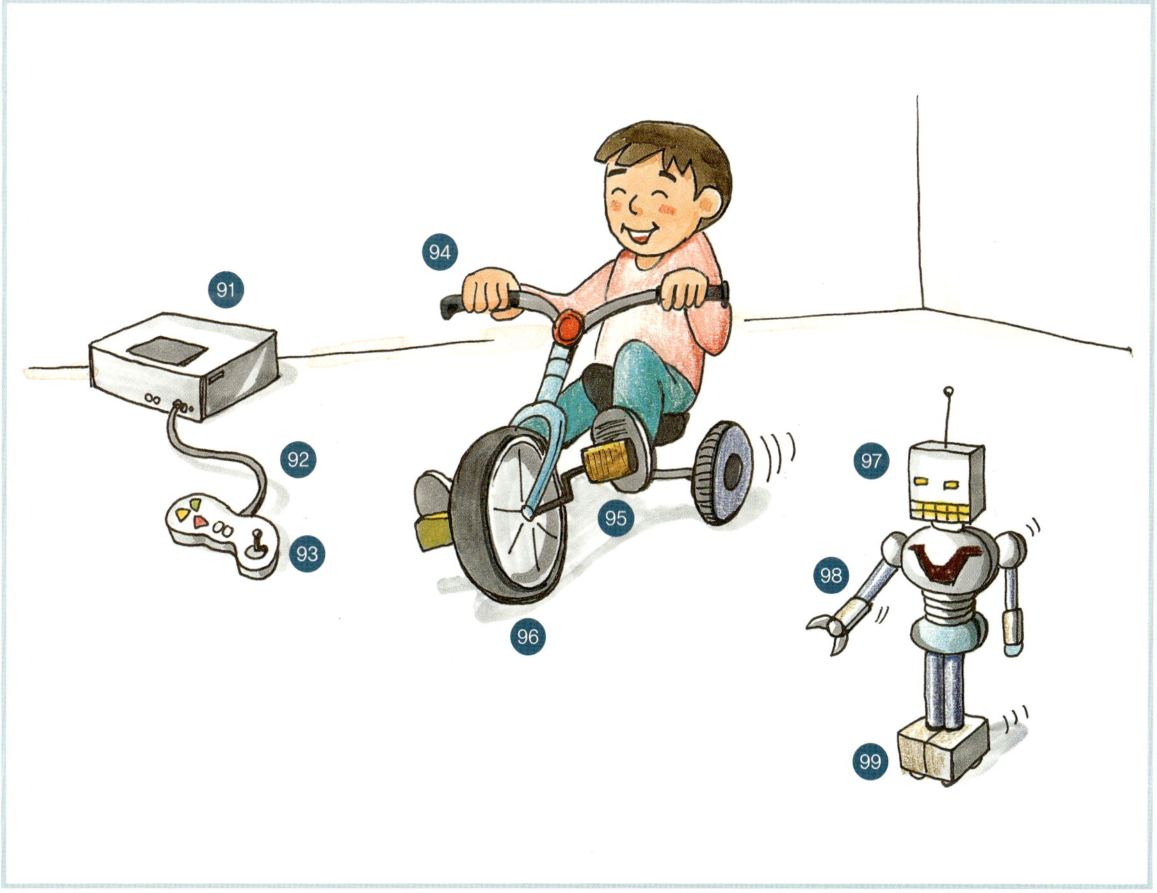

3의 원리	게임기 – 좌(左)		세발자전거 – 중(中)		로봇 – 우(右)	
상 (上)	91	게임기	94	자전거 핸들	97	로봇 머리
중 (中)	92	게임기 코드	95	자전거 패달	98	로봇 팔
하 (下)	93	게임 조정기	96	자전거 바퀴	99	로봇 다리

공간력 공식 241

기본 장(場)에 낱말 결합 훈련하기[1]

0. 배추   1. 앵무새   2. 붕어   3. 낙타   4. 파리

5. 비상금   6. 수건   7. 멧돼지   8. 컵   9. 핸드폰

10. 올챙이   11. 신발   12. 수염   13. 주전자   14. 쌍안경

15. 벽돌   16. 선생님   17. 메뚜기   18. 장갑   19. 개구리

20. 은행   21. 두부   22. 사과   23. 물통   24. 모자

25. 매미   26. 나비   27. 의사   28. 비누   29. 풍선

30. 악어   31. 휴지통   32. 반지   33. 낙지   34. 염소

35. 책   36. 남대문   37. 자동차   38. 바늘   39. 수박

40. 밤   41. 오징어   42. 대통령   43. 가위   44. 책상

45. 불국사   46. 거울   47. 무   48. 나그네   49. 원숭이

기본 장(場)에 낱말 결합 훈련하기[2]

50. 색종이	51. 벌	52. 호랑이	53. 여우	54. 칫솔
55. 망치	56. 카메라	57. 냉면	58. 잠자리	59. 연필

60. 압정	61. 시장	62. 난쟁이	63. 바나나	64. 송아지
65. 유리	66. 종달새	67. 비행기	68. 호두	69. 동전

70. 파리	71. 칼	72. 담요	73. 여왕	74. 운동장
75. 옷걸이	76. 지팡이	77. 아버지	78. 저울	79. 구두

80. 껌	81. 마이크	82. 탁구공	83. 박쥐	84. 운동화
85. 가방	86. 난로	87. 우표	88. 시계	89. 양복

90. 고양이	91. 야구공	92. 달팽이	93. 의자	94. 양말
95. 라면	96. 갈매기	97. 토끼	98. 도토리	99. 짜장면

한글 숫자 기본 공식표

[숫자를 글자로 만들기]

[십 단위 숫자] 가~자까지 기억하기

10	20	30	40	50	60	70	80	90
가	나	다	하	마	바	사	아	자

[일 단위 숫자] ㄱ~ㅊ까지 기억하기

1	2	3	4	5	6	7	8	9	0
ㄱ	ㄴ	ㄷ	ㄹ	ㅁ	ㅂ	ㅅ	ㅇ	ㅈ	ㅊ
ㅋ		ㅌ	ㅎ		ㅍ				

* 공동으로 사용하는 숫자의 자음

1 : ㄱ, ㄲ, ㅋ   3 : ㄷ, ㄸ, ㅌ   4 : ㄹ, ㅎ   6 : ㅂ, ㅃ, ㅍ   7 : ㅆ   9 : ㅉ

*위 자음을 같은 숫자로 사용한다.

[숫자 10단위 합성된 글자의 예]

14=갈   28=낭   32=돈   41=학   57=맛   62=반   75=섬

[숫자 100단위 합성된 글자의 예]

748=사랑   545=모험   124=개나리   971=주식   912=주권
124=관리   924=전화   352=대문   798=사장   872=우산

[숫자 00~09까지 낱말 기억하기]

00 : 최초   01 : 초가   02 : 처녀   03 : 차도   04 : 첼로
05 : 처마   06 : 차비   07 : 초소   08 : 치아   09 : 처자

숫자를 글자로 바꿔서 기억하기 [가행~다행]

[가행] 10~19까지 낱말 기억훈련

10	11	12	13	14	15	16	17	18	19
가축기	각도	간장	가두기	갈매기	감나무	갑옷	갓	강물	가죽

[나행] 20~29까지 낱말 기억훈련

20	21	22	23	24	25	26	27	28	29
낮지	낙초	난가	낟개리	날비	냄	납	낫	낭군	낯

[다행] 30~39까지 낱말 기억훈련

30	31	32	33	34	35	36	37	38	39
닻	닭	단추	도둑	달	담	답안지	다시마	당구장	도장

숫자를 글자로 바꿔서 기억하기 [하행~바행]

[하행] 40~49까지 낱말 기억훈련

40	41	42	43	44	45	46	47	48	49
화초	학교	한복	호두	활	함장	합창대	핫도그	항아리	화장품

[마행] 50~59까지 낱말 기억훈련

50	51	52	53	54	55	56	57	58	59
마차	막걸리	만두	맏아들	말	매머드	마부	마사지	망치	모자

[바행] 60~69까지 낱말 기억훈련

60	61	62	63	64	65	66	67	68	69
보초	박	반지	받침	발	밤	밥	밧줄	방앗간	바지

숫자를 글자로 바꿔서 기억하기 [사행~자행]

[사행] 70~79까지 낱말 기억훈련

70	71	72	73	74	75	76	77	78	79
사	사	산	사	쌀	삼	삽	삿	상	사
치	과	삼	다	가	겹		갓	장	자
			리	게	살				

[아행] 80~89까지 낱말 기억훈련

80	81	82	83	84	85	86	87	88	89
아	악	안	오	알	암	압	아	앙	아
침	어	경	뚝		석	정	씨	고	저
			이					라	씨

[자행] 90~99까지 낱말 기억훈련

90	91	92	93	94	95	96	97	98	99
자	작	잔	자	자	잠	잡	잣	장	짜
치	두		두	루	자	지		기	장
기				리					면

숫자를 글자공식으로 변환하여 쓰기 훈련 테스트

* 앞에서 배운 글자낱말을 완전히 기억한 후 테스트를 하세요.

1차 테스트	2차 테스트	3차 테스트	4차 테스트
03	07	09	11
12	15	18	22
25	27	29	30
33	36	39	43
44	46	49	51
53	55	57	60
63	68	69	73
75	77	79	81
83	85	88	89
90	93	96	99
04	06	09	13
21	23	35	38
40	45	54	58
66	67	71	78
82	86	94	97

국사연대 및 민법 자동암기
글자공식과 구조화 연상

한글 숫자 암기공식으로 민법의 각종 법규를 암기할 수 있습니다.

일반적인 사람이라면 한 달 걸려서 기억할 내용이지만 한글 자동암기 글자공식으로 공부한다면 한 시간 만에 많은 조문을 암기할 수가 있습니다.

국가 자격시험을 보려고 하는 사람이나, 행시나 고시 등 각종 시험을 준비하고 있는 사람이라면 법전, 법규의 기억이 필수적입니다.

하지만, 보통 사람들은 방대한 법률 내용 전체를 체계적으로 기억하기가 어렵습니다.

그러나 이 비법을 터득하면, 법과 관련된 분야의 관계자뿐 아니라 일반 중·고등 학생들까지도 국사 연대와 사건까지 기억할 수 있기 때문에 공부하는 학생들에게는 매우 유익할 것입니다.

 민법 자동암기의 핵심 내용을 살펴보면 100조에서 109조까지는 소리의 음을 중심으로 순서를 기억하고 나머지 조는 한글 숫자공식을 사용하여 낱말을 만들어 기억하게 되어 있습니다. 낱말을 구조화하여 민법 내용을 쉽게 기억할 수 있도록 구성하였습니다. 이러한 특징 때문에 기억법을 공부한 사람이라면 누구나 민법 및 헌법까지도 기억할 수 있을 것입니다.

사법고시에 합격하려면 법조문을 수천 번은 읽고 또 기억해야만 합니다. 이 글자공식 방법을 이용한다면 암기가 10배 쉬어지게 되므로 10년 공부가 1년으로 단축될 것입니다. 법률 공부에 매달리는 많은 사람들에게 기쁜 소식이 되리라 생각됩니다.

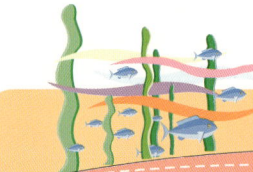

글자 공식에 의한 국사연대 기억 훈련하기 [1]

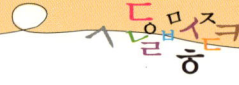

참고내용 : 고구려 영양왕 23년(612)에 고구려와 중국 수나라가 살수에서 벌인 큰 싸움. 수나라의 양제가 고구려를 정복하려고 200만의 대군을 인솔하고 쳐들어 왔으나, 을지문덕 장군이 지휘한 고구려 군사가 청천강(살수)를 건널 때 맹공을 가하여 몰살시켰다.

1. **고구려, 을지문덕 장군의 살수대첩** [612년]

연상기억[ㅂㄱㄴ] : 을지문덕 장군이 물 **보관**을 잘해서 백성이 살 수 있었다.

참고내용 : 고구려 보장왕 4년(645)에 안시성에서 고구려와 당나라 사이에 있었던 싸움. 당나라 태종의 군대를 성주 양만춘이 물리쳤다.

2. **고구려, 안시성 싸움** [645년]

연상기억[ㅂㄹㅁ] : 안시성의 주민, 장수, 군사가 힘을 모아 싸워 지켜내니 **보람**을 느낀다.

참고내용 : 신라 선덕여왕 때 세운 천문대. 국보 제31호. 높이 약 950㎝. 경상북도 경주시 인왕동에 있다.

3. **신라, 첨성대 건립** [647년]

연상기억[ㅂㄹㅅ] : 선덕여왕이 별을 **볼 수** 있게 첨성대를 세웠다.

참고내용 : 660년(의자왕 20) 나당연합군이 수도인 사비성을 공격하자 의자왕과 태자를 비롯한 왕족들은 웅진성으로 피난했다가 곧 항복함으로써 백제는 멸망했다.

4. **백제의 멸망** [660년]

연상기억[ㅂㅂㅊ] : 백미의 밥을 의자왕에게 가지고 갈 **밥 차**가 없어서 망했다.

글자 공식에 의한 국사연대 기억 훈련하기 [2]

참고내용 : 668년 나당연합군에 의해 수도 평양성이 함락되고 고구려가 멸망하자, 각 지역에서는 당나라군을 몰아내기 위한 고구려 유민들의 투쟁이 활발히 전개되었다.

5. 고구려의 멸망 [668년]

연상기억[ㅂㅂㅇ] : 고구마를 먹으며 비방하다 망했다.

참고내용 : 신라가 가야, 백제, 고구려, 보덕국 등 한반도 내부에 있던 제 국가들을 차례로 멸망, 병합시켰고 676년 당나라 군대를 한반도에서 축출하여 통일을 달성하였다.

6. 신라, 삼국통일 [676년]

연상기억[ㅂㅅㅂ] : 신나게 부삽 들고 삼국 통일했으니 신나게 춤추다.

참고내용 : 892년에 견훤이 완산주에 도읍하여 세운 나라. 후삼국의 하나로서 한때 세력을 떨쳤으나 견훤 부자의 불화로 936년에 고려에 망하였다.

7. 견훤, 후백제 건국 [892년]

연상기억[ㅇㅈ] : 신라 효공왕 때 어전에 맞서 후백제를 건국했다.

참고내용 : 901년에 궁예가 세운 나라로 경기도, 강원도, 황해도의 대부분과 평안도, 충청도 일부까지 아우르며 신라·후백제와 함께 후삼국 중 가장 큰 세력을 이루었다.

8. 궁예, 후고구려 건국 [901년]

연상기억[ㅈㅊㄱ] : 궁예가 어린 시절 자치기하다 눈을 다쳤고 성장하여 후고구려를 건국하였다.

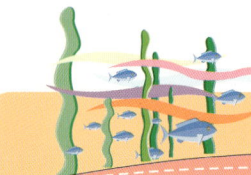

글자 공식에 의한 국사연대 기억 훈련하기 [3]

참고내용 : 918년 태조 왕건이 궁예의 후고구려를 무너뜨리고 신라와 후백제를 통합한 이후, 1392년 조선 왕조에 멸망하기까지 약 470여 년간 한반도를 지배하였던 왕조이다.

9. 왕건, 고려 건국 [918년]

연상기억[ㅈㄱㅇ] : 궁예가 죽은 뒤 왕건이 이어 고려의 태조로 **즉위**하다.

참고내용 : 926년 1월에 기마대를 이끌고 침략한 요 태조의 침입을 받았다. 거란의 엄청난 군사력에 놀라서 결국 발해는 거란의 침략을 받은 지 1개월도 못되어 허무하게 무너졌다.

10. 발해의 멸망 [926년]

연상기억[ㅈㄴㅂ] : 귀족 간에 권력 다툼으로 발사 **준비**를 못 하여 멸망했다.

참고내용 : 신라는 왕과 귀족이 사치스러운 생활을 하고 정치를 제대로 돌보지 않아 곳곳에서 반란이 일어났다. 후백제·후고구려와 함께 후삼국 시대를 버티어오다 신라 56대 경순왕 때 왕건에게 항복하여 992년 만에 멸망했다.

11. 신라의 멸망 [935년]

연상기억[ㅈㄷㅁ] : 신나게 **좌담**하다가 왕건에게 멸망됐다.

참고내용 : 견훤이 고려에 대해 타협적인 자세를 보이자 그의 아들 신검 등이 반발했고, 이것이 왕위계승을 둘러싼 내분으로 이어졌다. 그 결과 견훤이 금산사에 갇혔다가 고려로 망명하였고, 936년에 신검이 고려군에게 패배함으로써 후백제는 멸망했다.

12. 후백제의 멸망 [936년]

연상기억[ㅈㄷㅂ] : 후백제의 멸망은 신검이 이끄는 **지도부**가 잘못했기 때문이다.

글자 공식에 의한 국사연대 기억 훈련하기 [4]

참고내용 : 태조는 신라와는 우호관계를 유지하면서 후백제와는 무력으로 맞섰다. 고려는 930년 고창싸움에서 큰 승리를 거두면서 주도권을 장악했다. 그 후 936년에는 후백제를 멸망시켜 마침내 후삼국을 통일했다.

13. 고려, 후삼국통일 [936년]

연상기억[ㅈㄷㅂ] : 왕건이 이끄는 군부의 지도부가 잘해서 후삼국을 통일했다.

참고내용 : 고려 광종 7년(956)에 본디 양민이었던 노비를 해방해 주기 위하여 만든 법. 통일신라 말기와 고려 초기에 억울하게 노비가 된 사람을 해방한 것. 왕권을 강화하고 호족의 세력을 약화하기 위한 것이었다.

14. 고려, 노비안검법 시행 [956년]

연상기억[ㅈㅁㅂ] : 잠바 입은 억울한 노비는 안 검사하고 해방한다.

참고내용 : 고려 광종 9년(958)에 처음 실시하였고, 과거시험을 통하여 관리를 선발했던 제도. 문과, 무관, 잡과 따위가 있었다.

15. 고려, 과거제도 시행 [958년]

연상기억[ㅈㅁㅇ] : 과거시험 걱정에 잠이 오지 않는다.

글자 공식에 의한 국사연대 낱말과 숫자 쓰기 [1]

1. 고구려, 을지문덕 장군의 살수 대첩
   연상 낱말 쓰기 : [   ]   연도 쓰기 : [   ]

2. 고구려, 안시성 싸움
   연상 낱말 쓰기 : [   ]   연도 쓰기 : [   ]

3. 신라, 첨성대 건립
   연상 낱말 쓰기 : [   ]   연도 쓰기 : [   ]

4. 백제의 멸망
   연상 낱말 쓰기 : [   ]   연도 쓰기 : [   ]

5. 고구려의 멸망
   연상 낱말 쓰기 : [   ]   연도 쓰기 : [   ]

6. 신라, 삼국통일
   연상 낱말 쓰기 : [   ]   연도 쓰기 : [   ]

7. 견훤, 후백제 건국
   연상 낱말 쓰기 : [   ]   연도 쓰기 : [   ]

8. 궁예, 후고구려 건국
   연상 낱말 쓰기 : [   ]   연도 쓰기 : [   ]

글자 공식에 의한 국사연대 낱말과 숫자 쓰기 [2]

9. 왕건, 고려 건국
   연상 낱말 쓰기 : [   ]   연도 쓰기 : [   ]

10. 발해의 멸망
    연상 낱말 쓰기 : [   ]   연도 쓰기 : [   ]

11. 신라의 멸망
    연상 낱말 쓰기 : [   ]   연도 쓰기 : [   ]

12. 후백제의 멸망
    연상 낱말 쓰기 : [   ]   연도 쓰기 : [   ]

13. 고려, 후삼국통일
    연상 낱말 쓰기 : [   ]   연도 쓰기 : [   ]

14. 고려, 노비안검법 시행
    연상 낱말 쓰기 : [   ]   연도 쓰기 : [   ]

15. 고려, 과거제도 시행
    연상 낱말 쓰기 : [   ]   연도 쓰기 : [   ]

* 연상되는 낱말을 먼저 쓰고 나서 연도를 쓰세요.
* 나는 꼭 기억할 수 있다는 마음으로 반복하여 훈련하세요.

근현대사의 흐름
요약정리하기 [1876~1910]

※ 고종 즉위, 대원군 집권[1863] : 어린 고종을 강제로 받들어서 흥선 대원군이 국가 권력을 쥐다.

1. 강화도조약 [1876] : 일본이 조선정부를 위협하여 맺은 불평등 조약, 운요호사건이 계기가 됨.

★ 최초의 근대적 조약
★ 불평등 조약(치외법권과 해안 측량권을 내줌), 부산, 원산, 인천 개항

연상결합 : 강화도조약은 불평등 조약이므로 삽 들고 시위했다.

2. 임오군란 [1882] : 별기군과 구식군대의 차별대우로 인하여 하층민과 함께 일어남.

민씨 세력의 요청에 의해 청은 내정 간섭을 하여 흥선대원군을 청으로 잡아감. 차후 돌아옴.
제물포조약 : 일본군은 8월 12일 제물포에 상륙하여, 조선에 대해 피해 보상과 거류민 보호를 내세워 협상을 요구했다.

연상결합 : 임오년에 별기군들이 강하게 보이려고 안경을 쓰니 구식군대가 난을 일으켰다.

3. 갑신정변 [1884] : 개혁파에 의해 일본의 군사적 지원으로 일어남.(김옥균, 박영호, 홍영식)

★ 의의 : 근대국가 수립을 위한 최초의 정치개혁 운동, 우정국 개국 축하연 계기
문벌의 폐지(신분제 폐지), 입헌 군주제(최초)
3일천하 (갑신정변은 청군의 개입으로 3일 만에 무산됨)

연상결합 : 갑신정변은 최초의 정치개혁을 위해 강하게 알을 던지며 일어났다가 청의 개입으로 3일 만에 무산됐다.

근대사의 흐름 1876~1910년 구조화 연상하기 [1]

* 역사 연대와 사건 내용을 숫자낱말과 연결하여 그림으로 연상 기억한다.

※ **고종 즉위, 대원군 집권[1863]**
연상결합 : 어린 고종을 **강**제로 **받**들어서 흥선 대원군이 국가 권력을 쥐다.

※ 고종 즉위, 대원군 집권[1863]

1. 강화도조약[1876]

연상결합 : **강**화도조약은 불평등 조약이므로 **삽** 들고 시위했다.

2. 임오군란[1882]

연상결합: 임**오**년에 별기군들이 **강**하게 보이려고 **안경**을 쓰니 구식군대가 난을 일으켰다.

3. 갑신정변[1884]

연상결합 : **갑**자기 정치개혁을 위해 **강**하게 **알**을 던지며 일어났다.

4. 동학농민 [1894] : 전라도 고부에서 일어난 민란이 계기가 됨.(전봉준)

★1차 봉기 : 보국안민*과 제폭구민**을 내세우며 일어남.
  *나랏일을 돕고 백성을 편안하게 함.   **포악한 것을 물리치고 백성을 구원함.
  전주화약을 맺음(갑오농민전쟁 중 농민군과 정부가 맺은 휴전 화약),
  집강소 설치(자치행정기구), 일본이 청일전쟁(1894)을 일으키며 내정간섭
★2차 봉기 : 일본 타도
★요구 : 신분제도 타파, 노비문서 소각, 토지평균 분작(농민군은 공주 우금치에서 일본군에 패함)
★의의 : 반봉건적, 반외세 민족운동이었다.

연상결합 : 동학농민은 전라도 고부에서 농민들이 강하게 자루를 들고 일어났다.

5. 갑오개혁 [1894] : 군국기무처 설치

★정치 : 의정부와 궁내부 분리, 과거제도 폐지, 사법권 독립
★경제 : 재정의 일원화, 조세의 금납화, 도량형 통일
★사회 : 신분제도 폐지, 봉건적 폐습 타파
★한계 : 군사개혁 소홀(타율적), 토지개혁이 없었음
※ 갑신정변, 동학농민, 갑오개혁의 공통점은 신분제도 폐지이다.

연상결합 : 갑오개혁 내용을 강제로 자루에 담아 군국기무처로 갔다.

6. 을미사변 [1895] : 일본의 명성황후 시해사건

★을미개혁[1895] : 태양력 사용, 우편제도 실시, 종두법, 단발령, 소학교 설립, 연호 사용,
  군제 개편
★을미의병[1895] : 을미사변이 계기됨. 명성황후 시해, 단발령실시에 항거 최초 의병이 일어남

연상결합 : 을미사변 때 명성황후를 위해 강가에 날던 잠자리가 미사를 드리는데 을미개혁과
       을미의병이 일어났다.

7. 아관파천 [1896] : 고종이 러시아 공관으로 이주함.

★열강이권, 침탈강화 본격화 계기

연상결합 : 아관파천 때 고종은 러시아 공관에서 잡지책만 보고 있다.

근대사의 흐름 1876~1910년 구조화 연상하기 [2]

* 역사 연대와 사건 내용을 숫자낱말과 연결하여 그림으로 연상 기억한다.

4. 동학농민 [1894], 청일 전쟁 [1894]

5. 갑오개혁 [1894]

연상결합 : 동학농민은 전라도 고부에서 농민들이 **강**하게 **자루**를 들고 일어났다.
연상결합 : 갑오개혁 내용을 **강**제로 **자루**에 담아 군국기무처로 갔다.

6. 을미사변 [1895], 을미개혁 [1895], 을미의병 [1895]

연상결합 : 을미사변 때 명성황후를 위해 **강**가에 날던 **잠자리**가 미사를 드리는데 을미개혁과 을미의병이 일어났다.

7. 아관파천 [1896]

연상결합 : 아관파천 때 고종은 러시아 **공**관에서 **잡지**책만 보고 있었다.

8. 독립협회 설립 [1896~1898] : 서재필(개화 지식인)이 독립협회를 창립하였다.

민중의 계몽(독립신문, 토론회)
★ 최초의 의회 설립운동
만민공동회와 관민공동회 개최 (근대적 민중대회)
★ 자주국권, 자유민권, 자강개혁 등을 달성하려는 정치 운동임. 자! 자! 자!
이권 수호 운동, 헌의 6조 결의

연상결합 : 독립협회 창립 때 공짜로 잡지책을 나누어 주었다.

9. 대한제국 수립 [1897] : 고종이 황제로 즉위하면서 연호를 광무로 함.

황권을 강화, 상공업 진흥책 추진

연상결합 : 대한제국 수립 때 고종이 강한 잣나무로 만든 지시봉을 들고 황제로 즉위하여 왕권을 강화하였다.

10. 을사조약 [1905] : 제2차 한·일 협약, 일본의 무력 강압 속에서 이완용 등이 동조함.

외교권 박탈, 통감부 설치.
일제는 한일협약을 제시하면서 고종에게 조약 체결을 강압, 오적에 의해 체결,
민영환 자결, 나철선생 등은 을사 5적 암살단 조직(5적 : 이완용, 이지용, 이근택, 박제순, 권중현), 황성신문의 사설 시일야방성대곡은 을사조약의 부당함을 알림

연상결합 : 고종의 을사조약으로 인하여 외교권을 박탈당하고 백성은 가짜로 만든 치마를 입으니 마음이 공허하다.

11. 을사의병 [1905] : 을사조약의 원인, 신돌석(평민) 의병

연상결합 : 얼싸 안고 좋아하는 일본군에 대항하는 평민 출신 신돌석이는 가짜 치마를 입고 을사의병을 일으키니 마음이 공허하다.

12. 고종의 강제 퇴위 [1907] : 일제는 을사조약 무효를 주장하는 고종을 강제 퇴위시키고 순종을 즉위시켰다.

헤이그 특사 계기, 고종 퇴위, 군대 해산

연상결합 : 고종은 강제 퇴위 후 얼싸 안고 울면서 아이구! 하며 꽁치만 먹었다.

 근현대사의 흐름 요약정리하기

근대사의 흐름   1876~1910년 구조화 연상하기 [3]

✱ 역사 연대와 사건 내용을 숫자낱말과 연결하여 그림으로 연상 기억한다.

8. 독립협회 설립 [1896]

9. 대한제국 수립 [1897]

연상결합 : 독립협회 창립 때 **공**짜로 **잡지**책을 나누어 주었다.

연상결합 : 대한제국 수립 때 고종이 **강**한 **잣**나무로 만든 지시봉을 들고 황제로 즉위하여 왕권을 강화하였다.

10. 을사조약 [1905]

11. 을사의병 [1905]

연상결합 : 을사조약으로 인하여 외교권을 박탈당하고 고종은 얼싸안고 울면서 아이구! 하며 **가짜 치마**를 입으니 마음이 **공허**하다.

연상결합 : 얼싸안고 좋아하는 일본군에 대항하는 평민 출신 신돌석이는 **가짜 치마**를 입고 을사의병을 일으키니 마음이 **공허**하다.

12. 고종의 강제 퇴위 [1907]

연상결합 : 고종은 강제 퇴위 후 얼싸안고 울면서 **아이구**! 하며 **꽁치**만 먹었다.

13. 정미의병 [1907] 원인 : 고종의 강제 퇴위, 군대 해산, 의병지원

연상결합 : 정미소에서 의병들 가족이 가지고 온 꽁치를 구어 먹었다.

14. 신민회 활동 [1907] : 안창호, 양기탁 비밀결사 애국계몽단체

정치, 교육, 문화, 경제적 실력 향상(대성학교, 오산학교 설립), 신민회의 공보기관(태극서관), 해외 독립군 기지 건설(만주), 기업 활동(도자기회사 설립)

연상결합 : 신민회의 활동 때 비밀 결사대는 가짜 꽁치만 먹었다.

15. 국채보상운동 [1907] : 경제적 구국운동

일본 차관 제공
경제적 예속화 저항, 대구에서 성금 모금 시작

연상결합 : 국체보상운동은 꽁치 팔아 대구에서 성금 모금 시작하였다.

경제적 구국운동
★ 국채보상운동
★ 철도(경부선) : 일본 군사적 침략 목적
★ 방곡령 : 일본 곡식 수출 금지
★ 보안회 : 일본 황무지 개간 반대

연상결합 : 국철로 곡식이 못나가게 보안하다. ※ 첫 글자를 따서 글로 만들어 기억한다.

참고

[1909] : 사법권, 경제권 박탈
[1910] : 국권 강탈, 한·일 강제합방, 식민지
식민지 : 정치적·경제적으로 다른 나라에 예속되어 국가로서의 주권을 상실한 나라.

근대사의 흐름 1876~1910년 구조화 연상하기 [4]

＊역사 연대와 사건 내용을 숫자낱말과 연결하여 그림으로 연상 기억한다.

13. 정미의병 [1907] 원인: 고종의 강제 퇴위, 군대 해산, 의병 지원

연상결합 : 정미소에서 의병들이 가족이 가지고 온 꽁치를 구워먹었다.

14. 신민회 [1907]

연상결합 : 신민회의 활동 때 비밀결사대는 가짜 꽁치만 먹었다.

15. 국채보상운동 [1907]

연상결합 : 국채보상운동은 가족이 꽁치 팔아 대구에서 성금 모금 시작.

─ 참고 ─
[1909] : 사법권, 경제권 박탈
[1910] : 국권 강탈, 한·일 강제합방, 식민지

히말라야 산맥 8,000m급 14좌
산 높이 기억 훈련[1]

1. 에베레스트 [8,848m] [숫자공식낱말 : 앙고라+항아리]
   [연상결합법] : 애밴 앙고라가 항아리 속에 들어가다.

2. K2 [8,611m] [숫자공식낱말 : 압정+각도기]
   [연상결합법] : K2봉에 압정으로 각도기를 박았다.

3. 칸첸중가 [8,586m] [숫자공식낱말 : 암석+압정]
   [연상결합법] : 등산로 중간에서 암석으로 압정을 누르다.

4. 로체 [8,516m] [숫자공식낱말 : 암석+갑옷]
   [연상결합법] : 암석 위에 갑옷을 벗어놓아 나체가 되다.

5. 마칼루 [8,463m] [숫자공식낱말 : 알+받침]
   [연상결합법] : 막 칼로 알을 받침 위에 놓고 자르다.

6. 초오유 [8,201m] [숫자공식낱말 : 안경+초가]
   [연상결합법] : 초코우유를 안경 끼고 초가집에서 마시다.

7. 다울라기리 [8,167m] [숫자공식낱말 : 악어+밧줄]
   [연상결합법] : 정상에 다 올라가서 악어를 밧줄로 묶다.

히말라야 산맥 산 높이 기억 훈련

히말라야 산맥 8,000m급 14좌
산 높이 기억 훈련[2]

8. 마나슬루 [8,163m] [숫자공식낱말 : 악어+받침]
　[연상결합법] : 먹으나마나 한 술로 악어에게 먹이니 받침 위에 자다.

9. 낭가파르바트 [8,126m] [숫자공식낱말 : 악어+납]
　[연상결합법] : 낭떠러지가 가파른 곳에 악어를 납으로 만든 동상이 있다.

10. 가셔브룸 I [8,068m] [숫자공식낱말 : 아침+방앗간]
　[연상결합법] : 한 사람이 노래를 가셔 부르면 아침에 방앗간에서 부른다.

11. 브로드피크 [8,047m] [숫자공식낱말 : 아침+핫도그]
　[연상결합법] : 불러도 불러도 피크닉 가자고 하니 아침에 핫도그만 먹다.

12. 가셔브룸 II [8,035m] [숫자공식낱말 : 아침+담]
　[연상결합법] : 두 사람이 가셔 노래 부르며 아침에 담을 쌓다.

13. 시샤팡마 [8,027m] [숫자공식낱말 : 아침+낫]
　[연상결합법] : 시사내용에 팡 마귀가 아침에 낫 들고 서 있다.

14. 안나푸르나 I [8,091m] [숫자공식낱말 : 아침+자고]
　[연상결합법] : 안아보고 싶은 푸른 산을 아침에 자고 올라가다.

히말라야 산맥 8,000m급 14좌 산 높이
기억 회생하여 숫자로 적어보기

1. 에베레스트 [m]

2. K2 [m]

3. 칸첸중가 [m]

4. 로체 [m]

5. 마칼루 [m]

6. 초오유 [m]

7. 다울라기리 [m]

8. 마나슬루 [m]

9. 낭가파르바트 [m]

10. 가셔브룸 I [m]

11. 브로드피크 [m]

12. 가셔브룸 II [m]

13. 시샤팡마 [m]

14. 안나푸르나 I [m]

제2편
부 록

글자공식에 의한 민법조문 키워드 기억하기
숫자 백 단위를 글자 낱말로 만들어 응용하기

예 : 141 : 기러기, 748 : 사랑, 159 : 감자
　　 115 : 고구마, 761 : 수박, 828 : 연어

민법 [조] 숫자를 글자 낱말로 연상 기억하기

물건법 :　98조~139조까지 낱말 연상 기억하기

물권법 : 185조~214조까지 낱말 연상 기억하기

채권법 : 373조~402조까지 낱말 연상 기억하기

민법98조~139조

물건법 숫자낱말 기억공식 활용 [1]-①

민법 글자공식에 의한 연상기억법 [98조~109조]

[제4장 물건]

98조 (ㅈㅇ) : [종류] : 물건의 정의
[연상기억] : 장속에 여러 종류의 물건이 있다.

99조 (ㅈㅈ) : [지주] : 부동산, 동산
[연상기억] : 부동산과 동산은 모두가 지주의 것이다.

100조 (유음) : [백조의 호수] : 주물, 종물
[연상기억] : 백조가 주물이면 호수의 물은 종물이다.

101조 (유음) : [백일] : 천연과실과 법정과실
[연상기억] : 백일 동안 천연과실을 따먹고 법정에 서다.

102조 (유음) : [빽이 좋아] : 과실의 취득
[연상기억] : 떨어진 과실을 빽이 좋아 가득 취득하다.

[제5장 법률행위]

제1절 총칙

103조 (유음) : [백삼] : 반사회질서의 법률행위
[연상기억] : 백삼을 먹은 노인이 새 부인을 얻어도 선량한 풍속이므로 위반한 법률행위는 무효이다.

104조 (유음) : [백사] : 불공정한 법률행위
[연상기억] : 백사가 정력제라고 과다 광고하여 부당이득을 취하다.

105조 (유음) : [백옥] : 임의규정
[연상기억] : 백옥으로 커플 반지를 임의규정으로 만들어서 끼어주다.

106조 (유음) : [백여우] : 사실인 관습
[연상기억] : 백여우는 모성이 강하여 가정을 사랑하는 사실인 관습이 있다.

[제2절 의사표시]

107조 (유음) : [백지] : 진의 아닌 의사표시
[연상기억] : 술 취해 백지수표를 화대로 주는 것은 진의 아닌 의사표시이다.

108조 (유음) : [백팔번뇌] : 통정한 허위의 의사표시
[연상기억] : 서로 통정한 허위의 의사표시는 백팔번뇌의 괴로움을 느끼다.

109조 (유음) : [백구] : 착오로 인한 의사표시
[연상기억] : 백구를 백조로 착오하다.

민법 낱말 구조화 연상하기   (물건 1)

● 각 조에 해당하는 낱말을 연결하여 스토리로 만들어 그림으로 기억한다.

※ [98조~99조] 구조화 연상 : 여러 종류의 물건을 가지고 있는 지주는 동산과 부동산도 있다.

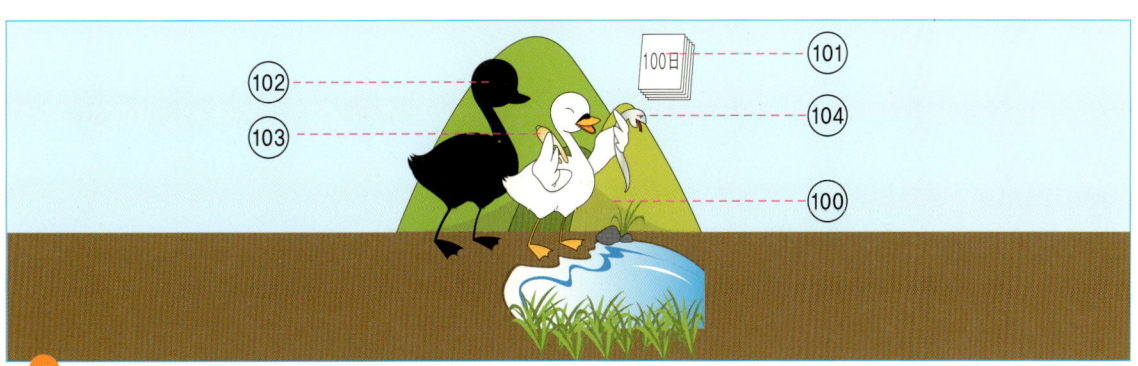

※ [100조~104조] 구조화 연상 : 백조가 호수에서 백일 동안 뺙이 좋아 하얀 백삼과 백사를 먹으니 불공정하다.

※ [105조~109조] 구조화 연상 : 백옥 반지를 임의로 백여우가 관습적으로 끼면서 백지 위에 백팔번뇌로 허위의 의사표시를 하니 백구가 착오로 인한 의사표시를 하다.

물건법 숫자낱말 기억공식 활용 [1]-②

글자공식에 의한 연상기억법 [110조~119조]

110조 (ㄱㄱㅊ) : [객차] : 사기 강박에 의한 의사표시
[연상기억] : 객차 안에서 사기, 강박을 당하다.

111조 (ㄱㄱㄱ) : [객관적] : 의사표시의 효력발생시기
[연상기억] : 효력발생시기를 객관적으로 판단하다.

112조 (ㄱㄱㄴ) : [기관] : 제한능력자에 대한 의사표시의 효력
[연상기억] : 제한능력자의 의사표시가 기관에 도달되다.

113조 (ㄱㄱㄷ) : [극도로] : 의사표시의 공시송달
[연상기억] : 송달이 안 되어 극도로 화나다.

[제3절 대리]
114조 (ㄱㄱㄹ) : [각료] : 대리행위의 효력
[연상기억] : 각료에게 대리행위의 능력을 수여하다.

115조 (ㄱㄱㅁ) : [교감] : 본인을 위한 것임을 표시하지 아니한 행위
[연상기억] : 대리행위의 상대방과 교감이 통하다.

116조 (ㄱㄱㅂ) : [고급] : 대리행위의 하자
[연상기억] : 고급차를 타면서 대리 행각을 하다.

117조 (ㄱㄱㅅ) : [각시] : 대리인의 행위능력
[연상기억] : 대리인 각시의 행위 능력에 만족하다.

118조 (ㄱㄱㅇ) : [기강] : 대리권의 범위
[연상기억] : 대리권의 범위에서 기강을 잡다.

119조 (ㄱㄱㅈ) : [각자] : 각자대리
[연상기억] : 대리인이 수인이어서 각자 임무의 범위를 정하다.

민법 낱말 구조화 연상하기 (물건 2)

● 각 조에 해당하는 낱말을 연결하여 스토리로 만들어 그림으로 기억한다.

※ [110조~114조] 구조화 연상 : **객차** 안에서 **객관**적으로 **기관**사는 **극도**로 **각료**의 대리행위에 피곤하다.

※ [115조~119조] 구조화 연상 : **교감**이 **고급** 차에 **각시**만 태우고 **기강**을 잡는다며 **각자** 가자 한다.

물건법 숫자낱말 기억공식 활용 [1]-③

글자공식에 의한 연상기억법 [120조~129조]

120조 (ㄱㄴㅊ) : [간청] : 임의대리인의 복임권
[연상기억] : 본인에게 간청하여 복임권은 부여받다.

121조 (ㄱㄴㄱ) : [권고] : 임의대리인의 복대리인선임의 책임
[연상기억] : 본인의 지시와 책임에 대하여 복대리인 선임을 권고받다.

122조 (ㄱㄴㄴ) : [가난] : 법정대리인의 복임권과 그 책임
[연상기억] : 가난 때문에 법정대리인의 책임을 복대리에게 넘기다.

123조 (ㄱㄴㄷ) : [군대] : 복대리인의 권한
[연상기억] : 복대리인 자격을 위임받은 군대는 권한 내에서 대리한다.

124조 (ㄱㄴㄹ) : [그날] : 자기계약, 쌍방대리
[연상기억] : 대리인 자격 그날까지 자기계약 쌍방대리를 금해야 한다.

125조 (ㄱㄴㅁ) : [군마] : 대리권수여의 표시에 의한 표현대리
[연상기억] : 군마를 움직이는 암행어사의 마패는 표현대리의 증표다.

126조 (ㄱㄴㅂ) : [군비] : 권한을 넘는 표현대리
[연상기억] : 권한을 넘어 군비를 과다책정하다.

127조 (ㄱㄴㅅ) : [간사람] : 대리권의 소멸사유
[연상기억] : 대리인의 사망으로 죽어서 간 사람이 되어 자격이 소멸되다.

128조 (ㄱㄴㅇ) : [그냥] : 임의대리의 종료
[연상기억] : 대리 임무의 철회 종료 사망으로 간 사람 그냥 두다.

129조 (ㄱㄴㅈ) : [군자] : 대리권소멸후의 표현대리
[연상기억] : 군자동에서 대리권의 소멸은 제3자에게 대항하지 못한다.

민법 낱말 구조화 연상하기 (물건 3)

● 각 조에 해당하는 낱말을 연결하여 스토리로 만들어 그림으로 기억한다.

※ [120조~124조] 구조화 연상 : 복임을 위하여 간청을 권고하니 법정대리인이 가난한 것은 군대 가는 그날 자기계약 쌍방대리를 금해야 한다.

※ [125조~129조] 구조화 연상 : 군마를 군비로 사놓고 간 사람이 그냥 군자에게 주어 대리권이 소멸하다.

물건법 숫자낱말 기억공식 활용 [1]-④

글자공식에 의한 연상기억법 [130조~139조]

130조 (ㄱㄷㅊ) : [곧 추인] : 무권대리
[연상기억] : 무권 대리행위를 본인이 곧 추인함으로써 효력이 발생

131조 (ㄱㄷㄱ) : [고독] : 상대방의 최고권
[연상기억] : 최고권 통첩을 받은 후 고독에 빠지다.

132조 (ㄱㄷㄴ) : [고된] : 추인, 거절의 상대방
[연상기억] : 추인, 거절의 행사는 고된 결정이다.

133조 (ㄱㄷㄷ) : [곧다] : 추인의 효력
[연상기억] : 추인은 다른 의사표시가 없을 때에는 똑바로 서 있으니 곧다.

134조 (ㄱㄷㄹ) : [고달프다] : 상대방의 철회건
[연상기억] : 본인의 추인 거절 이전에 철회권의 통고는 고달프다.

135조 (ㄱㄷㅁ) : [가담] : 상대방에 대한 무권대리인의 책임
[연상기억] : 무권대리인 자격으로 가담.

136조 (ㄱㄷㅂ) : [거듭] : 단독행위와 무권대리
[연상기억] : 단독행위로 거듭 가담하다.

[제 4절 : 무효와 취소]
137조 (ㄱㄷㅅ) : [구두쇠] : 법률행위의 일부무효
[연상기억] : 계약 땅의 평수가 보자라 일부 무효된 구두쇠의 심보

138조 (ㄱㄷㅇ) : [가당치도] : 무효행위의 전환
[연상기억] : 무효의 전환을 유효하니 가당치도 않군!

139조 (ㄱㄷㅈ) : [거두자] : 무효행위의 추인
[연상기억] : 무효를 추인하여 여야 감정을 거두자.

민법 낱말 구조화 연상하기 (물건 4)

● 각 조에 해당하는 낱말을 연결하여 스토리로 만들어 그림으로 기억한다.

※ [130조~134조] 구조화 연상 : 곧 추인되어 고독함과 고된 일을 서서해서 곧다 하니 고달픔이 철회된다.

※ [135조~139조] 구조화 연상 : 무권대리인의 가담이 거듭되어 구두쇠가 가당치도 않은 사람을 거두자고 한다.

민법185조~214조

물권법 숫자낱말 기억공식 활용[2]-①

민법 글자공식에 의한 연상기억법 [185조~194조]

[제2편 물권]

제1장 총칙

185조 (ㄱㅇㅁ) : [강매, 공매, 경매] : 물권의 종류
[연상기억] : 물권은 경매, 공매, 강매할 수 있는 제3자의 처분 능력을 지닌다.

186조 (ㄱㅇㅂ) : [공부] : 부동산물권변동의 효력
[연상기억] : 공부하듯 정리된 후에 등기되어야 그 효력이 발생한다.

187조 (ㄱㅇㅅ) : [공시] : 등기를 요하지 아니하는 부동산물권취득
[연상기억] : 재판, 수용, 상속 등에 의한 공시적 효과는 등기를 요하지 않고 법적 효력을 지닌다.

188조 (ㄱㅇㅇ) : [강아지] : 동산물권양도의 효력, 간이인도
[연상기억] : 줏어 온 강아지를 간이인도 하다.

189조 (ㄱㅇㅈ) : [강제] : 점유개정
[연상기억] : 당사자 계약으로 강제 없이 양도인이 점유하여도 양수한 것으로 본다.

190조 (ㄱㅈㅊ) : [구조차] : 목적물반환청구권의 양도
[연상기억] : 구조차에 실린 목적물(응급 의료기구) 반환청구권의 양도.

191조 (ㄱㅈㄱ) : [개죽] : 혼동으로 인한 물권의 소멸
[연상기억] : 음식물을 혼합시킨 개죽, 물건의 개별성이 혼동되다.

[제2장 점유권]

192조 (ㄱㅈㄴ) : [기존] : 점유권의 취득과 소멸
[연상기억] : 기존 점유자의 취득과 소멸

193조 (ㄱㅈㄷ) : [가지다] : 상속으로 인한 점유권의 이전
[연상기억] : 점유권은 상속인에 이전되어 가지다.

194조 (ㄱㅈㄹ) : [기절] : 간접점유
[연상기억] : 본인의 재산권이 지상권, 전세권, 임대차로 인하여 간접 점유자로 변한 사실을 안 부인이 기절하다.

부록

민법 낱말 구조화 연상하기 (물권 1)

● 각 조에 해당하는 낱말을 연결하여 스토리로 만들어 그림으로 기억한다.

※ [185조~189조] 구조화 연상 : 경매하는 물건을 공부상 정리 후에 공시하고 나서 강아지를 강제로 점유하다.

※ [190조~194조] 구조화 연상 : 구조차에서 개죽을 담아 먹고 기존에 쓰던 그릇을 가지다 기절한다.

민법 낱말 구조화 연상하기

물권법 숫자낱말 기억공식 활용[2]-②

글자공식에 의한 연상기억법 [195조~204조]

195조 (ㄱㅈㅁ) : [개점] : 점유보조자
[연상기억] : 슈퍼마켓 개점의 점원은 전포를 관리하는 점유보조자의 직위를 갖는다.

196조 (ㄱㅈㅂ) : [개집] : 점유권의 양도
[연상기억] : (188조) 강아지 인도 시 개집까지 인도하여 점유권을 양도하다.

197조 (ㄱㅈㅅ) : [거짓] : 점유의 태양
[연상기억] : 태양처럼 이웃도 늘 평온, 공연함은 선의의 거짓이다.

198조 (ㄱㅈㅇ) : [구정] : 점유계속의 추정
[연상기억] : 구정 때도 쉬지 않고 점유계속의 추정한다.

199조 (ㄱㅈㅈ) : [거주자] : 점유의 승계의 주장과 그 효과
[연상기억] : 전후 거주자의 승계 주장은 점유승계 계속의 의미로 20년 경과 시 부동산 권리 취득의 효과를 갖는다.

200조 (ㄴㅊㅊ) : [나치 체제] : 권리의 적법의 추정
[연상기억] : 나치 체제의 점유지 및 전리품의 점유에 대하여 권리적법정의 추정은 낮에 철판 깐 논리다.

201조 (ㄴㅊㄱ) : [내처가] : 점유자와 과실
[연상기억] : 사위가 선의적으로 하니 점유자의 과실을 내 처가 취득한다.

202조 (ㄴㅊㄴ) : [노처녀] : 점유자의 회복자에 대한 책임
[연상기억] : 노처녀 처자가 줏어 온 강아지, 회복자에 대한 책임

203조 (ㄴㅊㄷ) : [내치다] : 점유자의 상환청구권
[연상기억] : 고쳐주고 먹여준 강아지 보호비 청구, 모자라 내치다.

204조 (ㄴㅊㄹ) : [내차로] : 점유의 회수
[연상기억] : 내차로 회수해 오다.

민법 낱말 구조화 연상하기 (물권 2)

● 각 조에 해당하는 낱말을 연결하여 스토리로 만들어 그림으로 기억한다.

※[195조~199조] 구조화 연상 : 슈퍼마켓 개점 때 개집이 있다고 거짓말하고 나서 구정 때 쉬지 않고 거주자를 찾는다.

※[200조~204조] 구조화 연상 : 나치 체제에서 내 처가 노처녀를 내치다 결국 내 차로 회수하다.

물권법 숫자낱말 기억공식 활용[2]-③

글자공식에 의한 연상기억법 [205조~214조]

205조 (ㄴㅊㅁ) : [나침판] : 점유의 보유
[연상기억] : 나침판의 점유보유 기간 중 방해제거 손해배상을 청구할 수 있다.

206조 (ㄴㅊㅂ) : [내 칩] : 점유의 보전
[연상기억] : 컴퓨터의 내 칩 안에 든 자료를 보전하다.

207조 (ㄴㅊㅅ) : [내 처사] : 간접점유의 보호
[연상기억] : 내 처사로 간접 점유자를 보호하다.

208조 (ㄴㅊㅇ) : [내 청] : 점유의 소와 본권의 소와의 관계
[연상기억] : 소의 제기에 내 청을 들어주다.

209조 (ㄴㅊㅈ) : [내 처자] : 자력구제
[연상기억] : 점유물 침탈 방해를 받을 때 내 처자가 자력으로 지켜내다.

210조 (ㄴㄱㅊ) : [녹초] : 준점유
[연상기억] : 재산권을 점유행사하느라 녹초가 되다.

[제3장 소유권] 제1절 소유권의 한계
211조 (ㄴㄱㄱ) : [내각] : 소유권의 내용
[연상기억] : 내각 각료들의 소유권 재산이 지나치게 많다.

212조 (ㄴㄱㄴ) : [내관] : 토지소유권의 범위
[연상기억] : 내관의 권력은 상하에 미치듯 정당한 이익이 미치는 토지의 상하에 미친다.

213조 (ㄴㄱㄷ) : [내 구두] : 소유물반환청구권
[연상기억] : 식당에서 없어진 내 구두 주인보고 반환청구

214조 (ㄴㄱㄹ) : [노골적으로] : 소유물방해제거, 방해예방청구권
[연상기억] : 소음, 매연으로 이웃간 노골적 감정대립, 방해예방 청구를 하다.

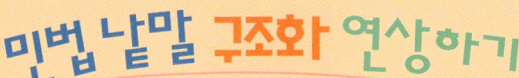 **(물권 3)**

● 각 조에 해당하는 낱말을 연결하여 스토리로 만들어 그림으로 기억한다.

※ [205조~210조] 구조화 연상 : 나침판을 내 침에 보관한 내 처사는 잘했고, 내 청을 들어 내 처자 지키다 녹초가 되다.

※ [211조~214조] 구조화 연상 : 내각의 내관이 내 구두를 노골적으로 밟아 방해하다.

채권법 숫자낱말 기억공식 활용[3]-①

민법 글자공식에 의한 연상기억법 [373조~382조]

[제3편 채권] 제1장 총칙   제1절 채권의 목적

373조 (ㄷㅅㄷ) : [다시다] : 채권의 목적
[연상기억] : 다시다 건강식품을 위해 채권을 발행하다.

374조 (ㄷㅅㄹ) : [다슬기] : 특정물인도채무자의 선관의무
[연상기억] : 낙동강 다슬기는 특정물인도 채무자의 선관의무이다.

375조 (ㄷㅅㅁ) : [다시마] : 종류채권
[연상기억] : 다시마의 종류에 따라 식품의 품질에 차이가 난다.

376조 (ㄷㅅㅂ) : [더 소비] : 금전채권
[연상기억] : 금전을 더 소비하므로 채권을 더 발행하다.

377조 (ㄷㅅㅅ) : [다사서] : 외화채권
[연상기억] : 외화로 다 사서 더 살 것이 없다.

378조 (ㄷㅅㅇ) : [대상] : 동전
[연상기억] : 대상으로 받은 채권을 우리나라 통화로 환급하다.

379조 (ㄷㅅㅈ) : [더 쓰자] : 법정이율
[연상기억] : 법정이율이 싸서 채권을 더 쓰자.

380조 (ㄷㅇㅊ) : [당초] : 선택채권
[연상기억] : 애당초 선택된 채권을 쓰다.

381조 (ㄷㅇㄱ) : [당기다] : 선택권의 이전
[연상기억] : 선택권의 이전을 위해 강하게 당기다.

382조 (ㄷㅇㄴ) : [태안] : 당사자의 선택권의 행사
[연상기억] : 태안지역의 피해 당사자끼리의 선택권 행사이다.

민법 낱말 구조화 연상하기 (채권 1)

● 각 조에 해당하는 낱말을 연결하여 스토리로 만들어 그림으로 기억한다.

※ [373조~377조] 구조화 연상 : **다시다** 국물에 **다슬기**와 **다시마**를 넣어 **더 소비**된 것은 외화로 **다 사서** 그렇다.

※ [378조~382조] 구조화 연상 : **대상**을 보고 **더 쓰**자고 **당초**부터 손을 **당기**다 **태안**으로 가서 선택권을 행사하자 한다.

채권법 숫자낱말 기억공식 활용[3]-②

글자공식에 의한 연상기억법 [383조~392조]

383조 (ㄷㅇㄷ) : [등대] : 제3자의 선택권의 행사
[연상기억] : 등대를 보고 제3자의 입장에서 방향을 선택하다.

384조 (ㄷㅇㄹ) : [동해] : 제3자의 선택권의 이전
[연상기억] : 등대를 보고 동해로 선택 이전하다.

385조 (ㅌㅇㅁ) : [통마늘] : 불능으로 인한 선택채권의 특정
[연상기억] : 성 불능자에게 통마늘이 좋다하여 선택채권으로 특정주문하다.

386조 (ㄸㅇㅂ) : [똥배] : 선택의 소급효
[연상기억] : 똥배 다이어트 훈련을 소급하여 선택하다.

[제2절 채권의 효력]
387조 (ㄷㅇㅅ) : [동시] : 이행기와 이행지체
[연상기억] : 이행자와 이행지체가 동시에 이루어지다.

388조 (ㄷㅇㅇ) : [동아리] : 기한의 이익의 상실
[연상기억] : 채무자는 동아리 회원으로 기한의 이익을 주장하지 못한다.

389조 (ㄷㅇㅈ) : [동조] : 강제이행
[연상기억] : 채무자가 채무를 이행하지 않을 시 법원이 강제이행에 동조한다.

390조 (ㄷㅈㅊ) : [더 지체] : 채무불이행과 손해배상
[연상기억] : 채무불이행에 더 지체할 수 없어 강제이행 수단을 강구하다.

391조 (ㄷㅈㄱ) : [다 죽고] : 이행보조자의 고의, 과실
[연상기억] : 이행보조자의 고의, 과실로 다 죽게 되다.

392조 (ㄷㅈㄴ) : [대전] : 이행지체 중의 손해배상
[연상기억] : 대전발령 영시 50분 지체연착 중 손해배상해야 한다.

(채권 2)

● 각 조에 해당하는 낱말을 연결하여 스토리로 만들어 그림으로 기억한다.

※ [383조~386조] 구조화 연상 : 등대가 있는 동해에서 통마늘을 많이 먹어 똥배가 나오다.

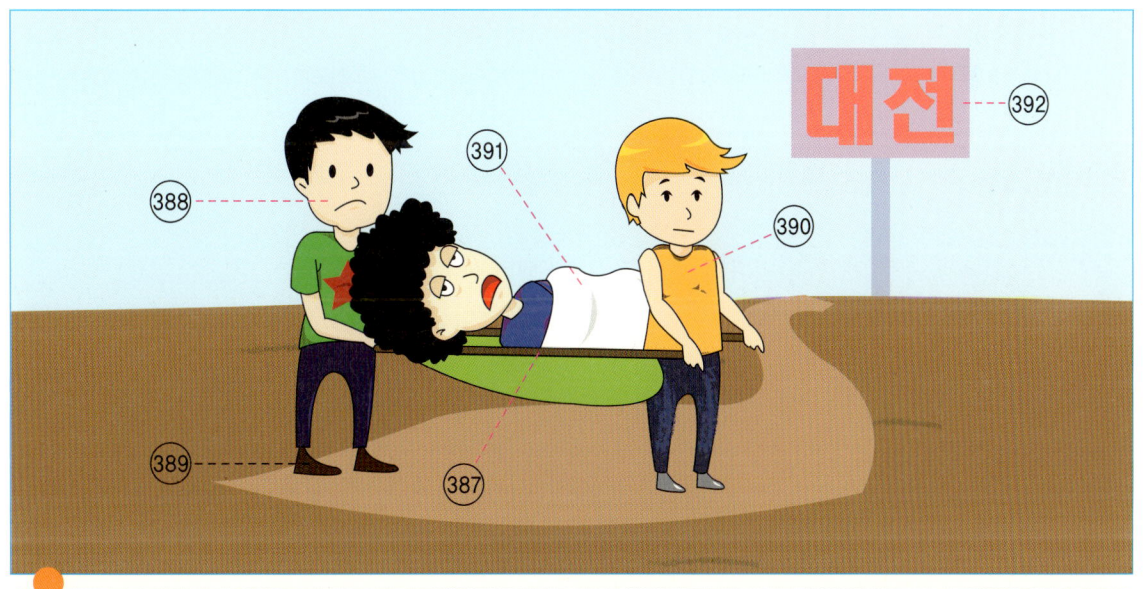

※ [387조~392조] 구조화 연상 : 동시에 동아리에 가입하여 동조를 강요당하니 더 지체 말고 다 죽게 된 자들을 대전으로 이송하다.

채권법 숫자낱말 기억공식 활용[3]-③

글자공식에 의한 연상기억법 [393조~402조]

393조 (ㄷㅈㄷ) : [돼지떼] : 손해배상의 범위
[연상기억] : 농촌 돼지떼 출몰로 손해배상의 범위가 넓게 되다.

394조 (ㄷㅈㄹ) : [대절] : 손해배상의 방법
[연상기억] : 대절 한 버스의 연착고장으로 생긴 손해배상 방법 구상

395조 (ㅌㅈㅁ) : [타지마] : 이행지체와 전보배상
[연상기억] : 이행지체로 전보배상받고 대절버스 타지 마

396조 (ㄷㅈㅂ) : [대접] : 과실상계
[연상기억] : 채권자의 대접 속 과실이 있을 시 금액을 참작하여야 한다.

397조 (ㄷㅈㅅ) : [도지사] : 금전채무불이행에 대한 특칙
[연상기억] : 도지사가 금전채무불이행으로 특칙을 받다.

398조 (ㄷㅈㅇ) : [도장] : 배상액의 예정
[연상기억] : 도장을 찍고 배상액에 대한 예정을 세우다.

399조 (ㄷㅈㅈ) : [대지주] : 손해배상자의 대위
[연상기억] : 대지주가 손해배상자를 대위하여 보상하다.

400조 (ㅎㅊㅊ) : [해체처리] : 채권자지체
[연상기억] : 회사 해체처리로 채무이행을 받을 수 없거나 하지 않을 때에는 채권자에 책임이 있다.

401조 (ㅎㅊㄱ) : [화촉] : 채권자지체와 채무자의 책임
[연상기억] : 채권자와 채무자 사이의 자식들이 화촉을 밝히니 사돈이 되다.

402조 (ㅎㅊㄴ) : [화친] : 동전
[연상기억] : 동전의 양자는 화친으로 채무이자를 지급할 필요가 없게 되다.

민법 낱말 구조화 연상하기 (채권 3)

● 각 조에 해당하는 낱말을 연결하여 스토리로 만들어 그림으로 기억한다.

※ [393조~397조] 구조화 연상 : 돼지떼에게 대절한 버스에 타지 마라고 대접을 하는 도지사가 있다.

※ [398조~402조] 구조화 연상 : 도장을 대지주가 해체처리하고 나서 화촉을 밝히며 화친을 한다.

[정답란]

속독을 위한 한 글자 인지훈련 정답

월 : 22개   화 : 21개   수 : 21개   목 : 22개   금 : 23개   토 : 23개   일 : 20개
도 : 22개   레 : 21개   미 : 19개   파 : 24개   솔 : 23개   라 : 21개   시 : 21개

속독을 위한 두 글자 인지훈련 정답

스키 : 21개   한강 : 19개   국제 : 21개   소비 : 20개   투자 : 21개   정보 : 20개
기업 : 19개   설비 : 20개   개방 : 21개   기계 : 21개   전망 : 22개   유럽 : 20개

속독을 위한 세 글자 인지훈련 정답

글로벌 : 20개   신기술 : 22개   발전소 : 21개   봄바람 : 22개   서비스 : 21개
포인트 : 19개   아시아 : 20개   대기업 : 21개   소비자 : 19개   대학생 : 21개

속독을 위한 네 글자 인지훈련 정답

세계제일 : 20개   대한민국 : 21개   성공시대 : 19개   국가발전 : 21개
기업경제 : 22개   자원개발 : 19개   평화유지 : 20개   국회의원 : 19개

속독을 위한 다섯 글자 인지훈련 정답

인터넷뱅킹 : 21개   최고경영자 : 19개   프랜차이즈 : 18개
산업박람회 : 21개   서울특별시 : 20개   아이스링크 : 19개

지문 읽기 이해도 테스트 정답

돈키호테의 도전 정신을 배워라!
[문제 1] 답 : 4   [문제 2] 답 : 2   [문제 3] 답 : 2   [문제 4] 답 : 1   [문제 5] 답 : 3

제주도 여행 이야기
[문제 1] 답 : 2   [문제 2] 답 : 4   [문제 3] 답 : 1   [문제 4] 답 : 3   [문제 5] 답 : 4

마지막 잎새의 희망
[문제 1] 답 : 3   [문제 2] 답 : 1   [문제 3] 답 : 4   [문제 4] 답 : 2   [문제 5] 답 : 1